LA GUITA
SE HACE
LABURANDO

LA MATERIA
2013 La Materia Contenidos

Director general
Manuel Sbdar

Asesor editorial
Marcelo Franco

Edición
Daniel Salman

Diseño
Guido M. Della Bella

Ilustración
Esteban Podetti

MANUEL SBDAR

LA GUITA SE HACE LABURANDO

GRANICA
ARGENTINA - ESPÁÑA - MÉXICO - CHILE - URUGUAY

© 2014 *by* Ediciones Granica S.A.

ARGENTINA
Ediciones Granica S.A.
Lavalle 1634 3° G / C1048AAN Buenos Aires, Argentina
Tel.: +54 (11) 4374-1456 - Fax +54 (11) 4373-0669
granica.ar@granicaeditor.com
atencionaempresas@granicaeditor.com

MÉXICO
Ediciones Granica México S.A. de C.V.
Valle de Bravo N° 21 El Mirador Naucalpan Edo. de Méx.
53050 Estado de México - México
Tel.: +52 (55) 5360-1010 - Fax: +52 (55) 5360-1100
granica.mx@granicaeditor.com

URUGUAY
Ediciones Granica S.A.
Scoseria 2639 Bis
11300 Montevideo, Uruguay
Tel.: +59 (82) 712 4857 / +59 (82) 712 4858
granica.uy@granicaeditor.com

CHILE
granica.cl@granicaeditor.com
Tel.: +56 2 8107455

ESPAÑA
granica.es@granicaeditor.com
Tel.: +34 (93) 635 4120

www.granicaeditor.com

GRANICA es una marca registrada
ISBN 978-987-45254-0-6
Hecho el depósito que marca la ley 11.723
Impreso en Argentina. *Printed in Argentina*

Sbdar, Manuel
    La guita se hace laburando / Manuel Sbdar ;
adaptado por Esteban Podetti ; ilustrado por Daniel
Salman. - 1a ed. 1a reimp. - Ciudad Autónoma de
Buenos Aires : La Materia Contenidos, 2014.
    184 p. : il. ; 15x22 cm.

    ISBN 978-987-45254-0-6

    1. Pequeña y Mediana Empresa. I. Podetti,
Esteban, adapt. II. Salman, Daniel, ilus. III. Título
    CDD 338.47

A Daniela, Laura y Julieta

En La Materia Contenidos tenemos el honor de presentar en esta oportunidad la segunda edición de este libro junto a Ediciones GRANICA. Es un placer trabajar juntos en este proyecto que nos convoca: poner el conocimiento de frontera al alcance de la mayor cantidad de gente posible, para eliminar ciertos topes y mitos, y así avanzar con herramientas seguras y aplicables.

La Materia logra hallar en GRANICA a un socio que aporta a este libro una mirada profunda, meticulosa y sofisticada en el trabajo editorial. Es un socio con años de experiencia, miles de libros editados, con gran presencia internacional y un equipo de profesionales expertos en conocimientos específicos y distintivos en el tema. En esta editorial encontramos el mayor capital que se pueda pretender: una reputación de excelencia ganada en base a un trabajo serio, constante y sistemático.

Ambas partes estamos muy entusiasmadas porque definitivamente trabajando juntos, el contenido de La Materia se fortalece con GRANICA, ganando espacios, alcance y calidad.

Manuel Sbdar tiene el privilegio de despreciar las formas tradicionales de mirar un emprendimiento, que sólo analizan ecuaciones ortodoxas, para profundizar en las reales motivaciones que mueven a los hombres a "emprender". Esto es a abrazar una idea y convertir un dilema en un problema, y a este encontrarle respuestas.

Y para encontrar esas respuestas, Manuel abandona la solemnidad de la academia (que conoce muy bien por haberla transitado) para conversar con su interlocutor sobre las realidades de un mundo hipercompetitivo. Esa es la virtud esencial de este profesor, que se viste con ropaje de alumno para poder encontrar juntos la razón de ser de la vida empresaria.

Es un libro que no debe dejar de leerse. E implementarse. Es una gema de verdades en un cúmulo de literatura moderna que solo intenta agregar títulos a ciertos currículum con oscuras verdades.

Alfredo Spilzinger, (PhD) Lord of Brownsel

"El riesgo es la justificación moral del empresario". Esa frase, que escuché por casualidad en un reportaje televisivo a un empresario italiano, la tomé como propia. Es uno de los pilares que sustentó desde el principio a mi empresa de espectáculos, creada unipersonalmente a partir de una vocación inexplicable.

Sin embargo con el correr de estas cuatro décadas de labor, también pude ratificar que el empresario es un trabajador. Por lo menos eso es lo que rescato de adulto cuando pienso, entre otras cosas, cómo justificarme de haber perdido tantas cosas habituales de la juventud por dedicarle años completos a cimentar lo que mi objetivo indicaba.

Admiro al emprendedor que arriesga capital, pero más aún a quien suma obsesivamente trabajo personal por encima de cualquier subordinado. Casi creería que es una fórmula imbatible para el éxito de la pequeña y mediana empresa. Aquella que camina con uno mismo, con la que uno duerme y respira al unísono.

Carlos Rotemberg, empresario de espectáculos

En un tiempo y lugar donde se perdió la cultura de trabajo y en un mundo donde muy pocos pueden desde su capacidad y trabajo ganar fortunas: ¿cómo encontramos el equilibrio para sostener que "la guita se hace laburando"?

Ideas geniales y descubrimientos originales están al alcance de muy pocos. Ideas personales, simples y diferenciadas, combinadas con el esfuerzo personal sostenido, son una fórmula infalible para alcanzar el éxito, medido en recursos = guita, ahorros, capital o como lo quieran llamar.

Está al alcance de todos, y para lograrlo sirven las historias, anécdotas, métodos, sugerencias, chistes, caricaturas e ironías de La guita se hace laburando.

Marta Harff, empresaria

Negocios, empresas, ventas, ganancias, dinero. Y sí señor, para ganar... hay que saber cómo hacerlo. Manuel, genio docente, te da una clase personalizada y súper amena de negocios. Te hace reflexionar, entender conceptos duros, reír. Y lo mejor: ¡te anima como nadie a que crezcas en tus ideas! Y que logres lo que tanto soñaste. ¡Genial!

Karin Cohen, periodista

Una vez más, Manuel construye con gran facilidad de comunicación un puente invisible pero efectivo entre la academia y la calle, entre la teoría y la práctica. Con ejemplos claros y concretos prepara al lector para que saque conclusiones que seguramente podrá aplicar en las experiencias comerciales de su vida diaria. No hay negocios pequeños que no puedan crecer casi infinitamente ni grandes negocios que no corran el riesgo de naufragar. Siempre estará el factor humano presente para definir el rumbo. Y a ese contacto personal Manuel lo ha sabido desarrollar exitosamente y así lo refleja en este libro.

Guillermo Cascio, Gerente General del Banco Ciudad de Buenos Aires

19

¡Impecable manera de derribar mitos preestablecidos! La clave está en confiar y potenciar los factores intangibles que nos diferencian y trasladarlos en experiencias hacia el cliente.

Francisco Murray, CEO de Paez

La verdadera oportunidad de empresas creadas por emprendedores es pensar proyectos de trabajo a largo plazo. No para hoy, no solo para la oportunidad de hoy, sino proyectando un crecimiento que se consolida en el tiempo, con la calidad de las personas que acompañan las ideas desde el inicio, que tienen sueños, que desean que les vaya cada vez mejor a todos. Que se comprometen, que se sienten parte.

La Materia Contenidos nace para acercar ideas de gente que hace, que reflexiona sobre la forma de hacer negocios y que está dispuesta a compartir conocimiento y experiencias. Démosle una gran bienvenida.

Laura Muchnik, fundadora de Muchnik.co y socia de I AM AT

Con pragmática habilidad, simple teoría, filosa ironía y gran sentido del humor, Manuel Sbdar contribuye con su trabajo a que los hombres de negocios aflojemos el nudo de nuestras corbatas, muchas veces inútilmente ceñido.

Juan Sarquis, Gerente de Banca Minorista del Banco Galicia

PRÓLOGO

El laburo, la mejor (¿o la única?) escuela.

"Con guita cualquiera es vivo, son anzuelos los canarios".
Norberto Aroldi en "Pa'que sepan cómo soy", 1951.

¿Cuál es la diferencia entre "hacer negocios" y "hacer empresas"?

Toda empresa vive haciendo negocios, pero hacer negocios no necesariamente implica hacer empresa.

Cuando pregunto en el aula a los empresarios mayoritariamente pymes que asisten a la Escuela de Negocios de MATERIABIZ el motivo por el cual están ahí sentados, me contestan que están ahí porque son empresarios. Cuando repregunto por qué son empresarios, obtengo muchas respuestas diferentes que podrían resumirse o agruparse en dos grandes categorías: los voraces y los trascendentales. Voraces son aquellos que buscan ganar dinero, acumular dinero, derrochar dinero. Dinero por el dinero mismo. ¿Y para qué querés acumular tanto dinero? Para poder acumular más dinero todavía.

Entre los "trascendentales" nos encontramos con personas que buscan hacer algo que les dé placer. También dejar, una vez que no estén sobre esta tierra, un legado que los trascienda físicamente. La continuidad de la persona en sus ideas o en sus creaciones. Para ellos, la empresa es, por sobre cualquier otra cosa, "su" creación.

Si bien sobre motivación nadie puede sentenciar lo que está bien y lo que está mal, sí podemos acercarnos a lo que las diferentes motivaciones provocan a unos y a otros.

Los voraces buscan hacer negocios. Hoy pueden estar comprando y vendiendo oro, mañana soja, pasado futuros, opciones o bitcoins (último invento del mundo financiero virtual). Para hacer esos negocios hace falta, al menos, uno de estos dos insumos: información y/o capital.

Quien tiene la información acerca de qué barrio de la ciudad se va a convertir en un "polo tecnológico" y con esa información compra un terreno esperando que, en pocos meses, suba de precio por su recalificación, está haciendo un negocio. En este caso, este señor contó con los dos elementos: información y capital. Información privilegiada (¿ilegalmente privilegiada?). Y también contó con capital.

El capital es amigo, muy amigo diría yo, de la información privilegiada. El capital no tiene sensores para distinguir entre la legalidad o la ilegalidad de un privilegio. Al capital le interesa la recuperación y la multiplicación del capital. Esto es, en cuánto tiempo se recompone, en cuánto tiempo se rehace y está en condiciones de volar a otros negocios.

Preferentemente, de información privilegiada.

¿Está mal hacer este tipo de negocios? No. Está mal hacer negocios ilegales e ilegal es tanto comprar y vender productos ilegales, como comprar y vender con información privilegiada. Ahora, si bien no existe nada irregular en comprar algo a 5 para venderlo a 7, hay que decir con todas las letras que ese pase de manos NO crea riqueza.

"Fabricar" empresas es otra cosa. Para fabricar empresas, y más aún para que estas sean sustentables, la información (por privilegiada que sea) no alcanza. Es necesario comenzar a hablar de conocimiento, un concepto mucho más amplio. No alcanza con "el dato" que logre una ganancia-por-pase-de-manos. Es necesario conocimiento sobre modelos que hagan más inteligentes las decisiones de gestión.

Conocimiento que permita decidir cuánta materia prima comprar, cuál es el recorrido óptimo para el reparto de los productos que se vendieron, qué precios establecer para esos productos, cuál es la mejor estructura financiera a adoptar...

Conocimiento de gestión, habilidades gerenciales, modelos en mutación, herramientas que caen en desuso y deben ser reemplazadas, instrumentos que son imprescindibles. Para sobrevivir en el tiempo, y ni qué hablar en el éxito, una empresa tiene que saber reinventarse. Para eso se necesita una combinación de personas, procesos, activos, socios... y conocimiento. Es más complejo que un simple pase de manos. Es más complejo que administrar información. ¿Será por eso que el capital le huye?

Una empresa es una creadora sistemática de riqueza.

No hay nada más cobarde que el capital, reza una frase popular. Mi experiencia personal y profesional me dicta que, más que cobarde, el capital es vago. Perezoso, aplica a rajatablas la ley del menor esfuerzo.

¿Por qué motivo el capital va a salir corriendo en búsqueda de una empresa pequeña o mediana si puede alojarse en la geografía tranquila y apacible de las grandes corpos, el consumo de cientos de miles de personas o los negocios de tantos voraces buscadores de dinero y más dinero?

El capital la quiere fácil. Les cuento su secreto: alto retorno y bajo riesgo.

Un pase de manos crea riqueza para el propietario de esas manos. Para quien compró esa propiedad sabiendo que, en horas, la iba a vender a un precio superior. Los negocios de este tipo no crean riqueza para la sociedad. Una empresa, por el contrario, crea productos o servicios, detrás de los cuales hay trabajadores, clientes, socios, proveedores, el Estado (impuestos)…

Entrar y salir, es fácil. Entrar, quedarse, producir, crear riqueza, es más complejo.

¿Se animan?

1. EL EMPRESARIO MODELO

Cientos de aspirantes a empresarios no pueden estar equivocados, ¿o sí? En las charlas y clases que di durante los últimos veinte años a estudiantes aspirantes a empresarios y empresarios aspirantes a empresarios "exitosos", siempre surgían las mismas preguntas: ¿cómo son los empresarios exitosos?, ¿cuáles son sus características sobresalientes?, ¿de qué madera están hechos? Indirectamente, subyacía en sus dudas la pregunta: ¿dónde se consigue esa madera? En el imaginario de los aspirantes persiste siempre la idea del modelo a imitar. "Quiero ser como tal o cual" es una fórmula que facilita la tarea. Sin embargo, la cuestión es quizá más compleja que la simple búsqueda de un modelo, porque nadie nos asegura siquiera que ese modelo exista.

Un ejercicio que nunca me falló es el de devolver la pregunta a la audiencia. ¿Cómo creen ustedes que es ese empresario modelo? ¿Cuáles son sus características?

Las respuestas no se hacen esperar. Variando en su orden, pero con muy poco margen de error, aparecen los mismos atributos.

Me responden que los empresarios exitosos son perseverantes y se explayan: son personas que, aunque no obtengan lo que buscan, siguen intentando. Ante el fracaso se fortalecen y nunca se desalientan; como cada intento es un aprendizaje, sacan provecho de las decisiones no acertadas y, en lugar de desmoralizarse, resisten ante las dificultades o adversidades.

Me dicen que son creativos y argumentan que tienen mucha imaginación, que saben combinar cosas preexistentes para crear cosas nuevas, inventando permanentemente (pensando qué se puede crear sobre lo que ya existe).

Sostienen que son flexibles y me explican que se adaptan a lo que se les presente. Que, si las cosas no son exactamente como se las imaginaban, les dan otra vuelta, encuentran otra mirada, buscan otra manera de enfrentarlas. Agregan que son siempre propensos al riesgo, ya que toman la decisión y se la juegan, sin temerle al fracaso. Que sabiendo que nada se obtiene sin arriesgar, se arriesgan. Que les gusta esa sensación de estar al borde del abismo, esa situación límite en la que puede salir todo muy bien o puede resultar un rotundo fracaso.

Tienen iniciativa y, en lugar de quedarse esperando a que las cosas ocurran, hacen que las cosas pasen. Son proactivos, accionan más que reaccionan. Son independientes porque son ellos quienes eligen a dónde ir, saben cuál es el destino pero también tienen en cuenta el recorrido para llegar a él. Y es por eso que son empresarios, para poder ser los dueños de sus vidas. Para no tener que responder a órdenes de otros, a ideas ajenas o simplemente a los deseos de los demás. Prefieren ser dependientes de sus obligaciones y de sus responsabilidades antes que del negocio de otro.

Tienen confianza, que es lo que les permite enfrentar no solo las adversidades sino también los cuestionamientos que todo negocio o emprendimiento provoca. Se necesitan confianza y seguridad en el proyecto, pero también para enfrentar cada negociación, cada discusión, cada presentación.

Son incansables, tienen tolerancia al fracaso, a la ambigüedad. Son sociables y tienen un enorme poder de persuasión.

Es posible que las respuestas recibidas estén algo sesgadas debido a que durante el ejercicio expongo las siguientes imágenes:

Donald Trump, 3.600 millones de dólares de patrimonio.

Richard Branson, fundador de Virgin, 4.000 millones de dólares de patrimonio.

Howard Shultz (Starbucks), 6.000 millones de euros de patrimonio.

Donald Trump es un hombre más cerca de los setenta años que de los sesenta y pocos dirían de él que es una persona mayor. Es Donald, sin ningún temor a equivocarnos, un empresario con una gran confianza y seguridad en sí mismo. Un hombre con iniciativa, creatividad, perseverancia. Es Donald, sin temor a equivocarnos, un empresario súper exitoso.

Richard Branson es diferente. Su gran sonrisa, su pelo libre al viento, y su gesto relajado son la seña de identidad

de un ganador. Y claro que lo es. Desde una discográfica (Virgin) llegó a construir uno de los grupos económicos más exitosos de Inglaterra de los últimos 50 años. Richard a simple vista no parece un ser introvertido, más bien todo lo contrario. Su imagen no es la de un clásico conservador inglés, más bien parece arriesgado y tampoco tiene el aspecto de un alto ejecutivo, sino el de un empresario independiente y sin ataduras.

Y finalmente el caso de Shultz, que con su aspecto pulcro y engominado, fue capaz de deshacerse sin demasiados escrúpulos de sus socios, los fundadores de Starbucks, para quedarse él solito con una empresa que hoy vale más de 6.000 millones de euros.

Y la trampa es clara. Si pongo estas fotos y luego pregunto ¿cómo son los empresarios? Es lógico que la gente responda como responde: los empresarios exitosos son altos, rubios y, sobre todo, ricos.

En otras ocasiones, durante una conferencia con varios cientos de empresarios escuchando, suele ocurrir lo siguiente. "Levanten la mano los que se consideran perseverantes". Todos, o casi todos, la levantan. "Levanten

la mano los que se consideran propensos al riesgo". Muchos levantan, pero ya no todos. "Levanten la mano los que se consideran innovadores y creativos". Levantan bastante menos. Cuando llego con mis preguntas a los últimos atributos, las manos que se levantan como respuestas afirmativas son las menos.

Si ser empresario modelo es tener todos los atributos arriba descriptos, la mayoría de los empresarios con los que me he cruzado toda mi vida no lo son. En la Argentina existen cerca de un millón de pequeñas y medianas empresas, aquellas que venden entre 0 y 30 millones de

¡ARRIESGADO!

¡TODOS MIS CÁLCULOS, ASESORES, PRONÓSTICOS, Y HASTA SENTIDO COMÚN ME INDICAN QUE NO LO HAGA! PERO, ¡CARAMBA! ¡HOY VOY A VER SI SALIÓ MI NÚMERO EN EL QUINI AUNQUE NO LO HAYA COMPRADO!

pesos por año y tienen hasta 50 empleados. Hablamos de la típica empresa familiar que enfrenta cada crisis o cada ciclo de bonanza con lo que tiene, con sus propios recursos. Hablamos del empresario tan dúctil que se ocupa tanto de hacer el café cuando recibe a un cliente como de ponerse el mejor traje para ir a visitar al oficial de crédito de su banco (ese que no siempre está cuando él lo necesita). Hablamos del empresario de empresa pequeña o mediana, pragmático y ejecutivo, que sabe lo que es sobrevivir y para eso sabe rodearse, se da maña, sabe sacar el máximo provecho de cada frase que escucha, de cada charla, de cada comentario, de todo lo que ve.

La suma de todos esos empresarios le aporta a la economía argentina cerca del 50% de todo lo que se produce. Efectivamente, no son las grandes empresas las que más aportan, sino que aportan en partes iguales las grandes y las pymes. También, estos mismos empresarios pymes generan más del 70% de los puestos de trabajo que dan empleo en nuestra sociedad.

Cuando pensamos en el empresario pequeño o mediano, ya no resulta tan nítida la descripción de atributos. No porque estos empresarios no los tengan, sino más bien porque son mucho más cercanos y eso nos permite pensarlos en términos más realistas. No en términos de superhombres como Donald, Richard o Howard, que se instalan en el imaginario colectivo como figuras casi de ficción.

El empresario "real" no es el de la sonrisa permanente. Más bien es el que desespera cuando las cosas no le salen tal como las pensaba, es el que siente un incontenible impulso por tirar la toalla más seguido de lo que los manuales recomiendan, es aquel al que la mente se le pone en blanco y sus preocupaciones no le permiten crear, ya no ideas geniales que revolucionen el mundo en el que se desenvuelve, sino simples ideas normales. El empresario real también en muchos casos se siente incómodo en cócteles o reuniones sociales, es hosco, introvertido y hasta tímido. Ese empresario real al que le cuesta expresarse en público o ante su círculo más íntimo.

BITÁCORA DE UN "GERENTE MODELO": HOY TUVE 37 "MEETINGS", 24 "CONFERENCE CALLS" Y 17 "FOCUS GROUPS". AVANZAMOS UN MONTÓN: DECIDIMOS QUE ADEMÁS DE RAVIOLES VAMOS A FABRICAR RA-VIO-LO-NES!

RECORD!!!

Ni qué hablar de aquel recurrente empresario que reúne absolutamente todas las características contrarias al líder o que encarna la antítesis misma del líder que conocemos. El que no seduce, sino que ordena siempre, que no convence, ni agrada, al cual no le interesa jamás el interés del otro. ¿Quién no conoce a ese empresario sin facilidad de palabra? En ese millón de empresas desbordan los empresarios NO modelos. Sin embargo, todos ellos aportan nuestra sociedad más del 70% de los puestos de trabajo.

Importa quién es y cómo es el empresario, claro que sí, pero cuando se trata de hacer empresas, importa mucho más cómo se hacen empresas sustentables en el tiempo. Se trata del cómo y no del quién. Se trata de construir un modelo que se pueda implementar con o sin empresarios superhombres.

Si para ser considerado empresario es necesario ser como Donald, Richard o Howard, entonces los empresarios serán pocos. Porque alto, rubio y lindo se nace. Y esto nos llevará a discutir cuáles de los atributos de los que hablábamos antes se pueden adquirir y cuáles no. ¿Es posible aprender liderazgo? ¿Es posible aprender a ser líder? Son dos cosas distintas. ¿Es posible aprender a ser perseverante?

Dado que no se puede enseñar a ser perseverante, ni propenso al riesgo, ni mucho menos ingenioso, entonces serán buenos empresarios o empresarios exitosos aquellos que nacieron perseverantes, arriesgados e ingeniosos. Quienes nacieron inconstantes, conservadores y desprovistos de imaginación, ¿están condenados al fracaso empresarial o al mundo laboral de la relación de dependencia?

Muchos inversores ángeles (inversores especulativos que buscan oportunidades de superbeneficios en el ecosistema emprendedor) estudian el perfil del emprendedor antes de estudiar el emprendimiento e invertir en él (quedándose con una parte sustancial del mismo). Ese estudio del emprendedor implica un estudio de sus atributos, pero sobre todo de sus gustos, costumbres e ideologías. ¿Qué buscan los inversores? ¿En cuáles emprendedores van a invertir? No es un error, invierten más en emprendedores que en emprendimientos. Es así porque lo que buscan es cierta identificación, cierto parecido, cierta sintonía. Intuyo algo de cerrada endogamia y de afinidad de clase en el mecanismo.

¿Es posible ser un empresario exitoso o súper exitoso, sin ser un empresario "modelo"? La respuesta es contundente y con mayúsculas: SÍ. La clave está en el proceso y no en la persona. El proceso y sus distintos pasos se basan en el concepto de la complementación. Cumplir con el proceso no asegura una empresa sustentable, sin embargo no existe una empresa sustentable que no haya atravesado el proceso de creación y mantenimiento. Es condición necesaria, aunque no suficiente.

Todavía hoy, en la mayor parte de las escuelas de negocios y en cualquier curso sobre entrepreneurship, se sigue enseñando el modelo McClelland, que data de los años sesenta y pone todo su norteamericano énfasis en el perfil del emprendedor. Obsoleto, antiguo, anacrónico, sigue siendo, sin embargo, material de estudio y hasta de culto. No creo que sea por una cuestión de vagancia, de falta de interés en superar el conocimiento. Creo que es una cuestión ideológica.

No importa quién es, dónde nació o qué formación tiene aquel que quiera hacer una empresa, lo único importante es que tenga la motivación. Con ella, la parte del individuo está cubierta. Luego viene el proceso de construcción, en definitiva se trata de tener una motivación, detectar una oportunidad y desarrollar la organización para explotarla.

2. VIVIR EN LOS RECOVECOS

¿Una empresa es lo que produce? ¿Una empresa es lo que factura? ¿Una gran empresa es una que produce mucho? ¿Una gran empresa es una que factura mucho? Todo es relativo. Una empresa es lo que es capaz de producir y, también, lo que es capaz de facturar. Pero una empresa, por sobre todas las cosas, es la suma de conocimientos y activos que hace posible que perdure y prospere.

Si el crecimiento no es la clave de la felicidad, o de la sustentabilidad para ponerlo en términos empresarios, ¿de qué sirve la economía de escala? ¿Por qué tantos la buscan? Producir más de lo mismo otorga ventajas, claro que sí. Pero en aquellos recovecos en donde un grande no esté produciendo. Si estás en el negocio de los alimentos y no sos una de las cuatro o cinco empresas que elaboran el 80% de los alimentos de Argentina, sí o sí tenés que buscar recovecos para sobrevivir. Si los encontrás no será la escala lo que te salvará, serán los recovecos.

Un recoveco es un lugar al que no llega el grande, porque no le interesa o porque todavía no se enteró de que existe. Ojo, cuando se entere, llegará. Ojo, de nuevo, si el recoveco crece, seguro que le interesará.

Hasta hace muy poco, ¿a quién, de entre los grandes productores de alimentos, le importaba la comida "sana"? A muy pocos. El esfuerzo de abrir ese mercado fue hecho por los pequeños. Cuando de tendencia se transformó en realidad, los grandes pusieron proa y se quedaron con ese "target".

El hombre más rico de España y, a su vez, el que vio crecer en mayor porcentaje su fortuna los últimos años se llama Don Amancio Álvarez. Su negocio es la confección y venta de indumentaria. Quizás lo conozcas más por el nombre de su marca, Zara. Que hay oportunidades y recovecos en el sector textil, claro que sí. Pero, atención, hay que tener bien claro qué sabés hacer y cuál es tu diferencial. Caso contrario, es muy probable que vivas aguantando vendavales porque se trata de un sector con vientos extremadamente competitivos y concentrados.

No voy a venirte con la vieja cantinela de que los grandes supermercados fueron quienes decretaron el final de los almacenes de barrio. Ni que las distribuidoras de materiales de construcción quitaron protagonismo a los viejos corralones. ¿En dónde caben, en esas actividades, al mismo tiempo tan dinámicas pero también tan concentradas, las pequeñas y medianas empresas? En aquellos sectores que, por ahora, no interesan a las grandes. En los recovecos.

3. SI TENÉS UNA BUENA IDEA...

Salvo honradas excepciones, el emprendedor "exitoso" cree que su fórmula mágica de acceso privilegiado al conocimiento y al capital está al alcance de todos. Su discurso, amplificado interesadamente por algunos medios de prensa, le habla a muy poca gente e ignora, consciente o inconscientemente, a los miles de empresarios que no consiguen sus dineros en círculos "virtuosos" o clubes "angelicales". Ese "ecosistema" no siempre es representativo del pequeño y mediano empresariado que, con más sudor que glamour, aporta casi la mitad del PBI de nuestro país.

Muchas veces, si tenés una buena idea, tenés lisa y llanamente eso: una buena idea. Recién comienza la cosa. Te pueden sobrar creatividad y voluntad, incluso podés desbordar de perseverancia. Las herramientas de gestión y los instrumentos de evaluación son, entonces, complementos decisivos. Pero es crucial disponer del tipo de capital que haga posible que, transcurrido su proceso de ensayo y error, tu emprendimiento quede del lado de la sustentabilidad y no del fracaso.

En algún momento, apenas un ratito después de que esos cuatro jóvenes amigos se reúnen en ese desvencijado garaje a desarrollar "heroicamente" la innovación revolucionaria, toda buena idea necesita de capital. Es cierto que muchos, hoy empresarios exitosos, dieron sus primeros pasos en un desprovisto garaje. Sin embargo, los segundos, terceros y cuartos pasos fueron dados mientras ingresaban a la oficina de un ejecutivo de cuenta de un banco para vender parte del "futuro" negocio a cambio de un préstamo "contante y sonante".

COPIANDO LO MEJOR DEL "MODELO BRASILEÑO"

El desafío es financiar a las pymes, jugarse por empresas que agotaron su capacidad de garantía pero siguen creciendo (o podrían hacerlo). Los bancos suelen poner como barrera la no calificación de esas pymes a las exigencias del Banco Central. No todo lo que venden lo venden en blanco, argumentan. No tienen los libros en regla, dicen por lo bajo. Hay empresas de transportes que no tienen ni un solo camión en sus activos, he escuchado decir a un gerente. Habrá casos en los que suceda, pero ¿en todos? Incluso si así fuera hay que tomar el toro por las astas y resolverlo desde la política económica. Explicando a las pymes que es más beneficioso estar en regla que no estarlo, que ser sujeto de crédito aporta más beneficios que costos.

Hay que estudiar, y copiar en lo que tiene de bueno, la experiencia de quienes nos llevan ventaja en esa dirección.

Hay que perderle el pudor a la imitación positiva. Veamos un ejemplo:

	Brasil	Argentina
• PBI en millones de US$	2.252.664	484.213
• Crédito total	1.144.353	74.110
• Crédito / PBI	50,8%	15,3%

Fuente: Elaboración propia en base a Banco Mundial, Ministerio de Economía Argentina, Banco Central de Brasil, 2012.

Qué excelente oportunidad para acortar distancias, y no estamos hablando en términos absolutos porque está claro que el PBI de Brasil es casi 6 veces el de Argentina. Pero se puede hacer mucho para acercarnos en términos relativos.

4. HABLAMOS, HABLAMOS, HABLAMOS

No es difícil para una empresa grande acceder a los capitales que necesita para expandirse o que podría aprovechar para mejorar su rendimiento. Lo puede hacer a través de sus accionistas, que arriesgan su propio dinero a cambio de acciones y dividendos. Lo puede hacer, también, a través de sus financistas, que obtienen dinero "ajeno" y "conveniente" para "apalancar" el crecimiento. El apalancamiento, aplicado a las finanzas, significa que, con muy poco capital propio, un accionista puede conseguir grandes retornos de ese capital en la medida en que sea capaz de asegurarse que terceros le presten el dinero que le falta para que su operación sea eficiente. A las empresas grandes ese capital de terceros no se les hace esquivo. Por el contrario, en algunos momentos "les llueve".

A las pequeñas empresas no solo les resulta de sinuoso acceso sino que, además, cuando lo consiguen se les hace caro. Tan caro que el concepto de apalancamiento no termina de funcionar del todo bien.

Por cada peso de inversión en los bienes, tangibles o intangibles, que una empresa está utilizando para operar se espera un retorno, el beneficio. La relación beneficio/bienes es igual al rendimiento (o sea, el rendimiento de la inversión). Una empresa será más rentable cuando más beneficio logre. El beneficio óptimo llega cuando hay resultados muy

positivos hechos realidad con la menor cantidad de bienes posibles. Sin embargo, siempre son necesarios bienes. Si los bienes son necesarios, en consecuencia también son necesarias las fuentes de financiación de esos bienes.

El capital es la fuente clásica de financiación de esos bienes. Una correcta estrategia de apalancamiento logra que una empresa se aproveche de los capitales de terceros en la medida en que lo que estos le cobran por su uso sea menor de lo que esa misma empresa es capaz de obtener en concepto de rendimiento de sus bienes. Dicho de otra manera, una empresa estará bien apalancada cuando el costo del dinero obtenido en préstamo (la tasa de interés) sea inferior al retorno proveniente de los bienes (el rendimiento, ROA).

Si el beneficio de una empresa es 100 pesos y ha invertido 1.000 en bienes (por ejemplo, máquinas, instalaciones y patentes) para conseguir ese beneficio, tendrá un rendimiento de esa inversión igual a 10% (100/1.000). Si, en lugar de poner de su propio bolsillo, el accionista o dueño pidió un préstamo a un banco por 1.000 a un interés del 8% y con ese dinero financió la adquisición de los bienes necesarios, llevó a su empresa a una situación de apalancamiento positivo. Su rendimiento, 10%, fue superior al costo del capital, 8%.

A los efectos de obtener un mejor retorno sobre sus inversiones, el factor clave a favor de las empresas grandes es su acceso al apalancamiento. ¿Y las medianas? ¿Y las pequeñas? Sufren, creyendo que tienen el problema de llegar a fin de mes cuando en realidad están al borde de entrar en un coma profundo. ¿Tan grave? Sí, como suena. Por lo general, su apalancamiento no es positivo, por no decir que en la mayor parte de los casos es directamente inexistente.

5. ¿BUROCRACIA? NO, GRACIAS

Toda estructura burocrática cuesta dinero, mucho dinero. Como cualquier ejército, el de los controllers también lucha por la gloria que le produce detectar "irregularidades". Pero la gloria no alcanza. Hace falta algo más. ¿Cómo lograr que alguien que no es propietario se sienta parte de una empresa? Buen trato, participación en las decisiones, actividades sociales y recreativas, fiestas, cruceros por el Caribe… Pero, como decía mi abuela Yanny, "un poquito de esto siempre viene bien", mientras se frotaba sus dedos pulgar e índice.

Incentivos, bonos, comisiones, participaciones, opciones y todo lo imaginable, que no hacen más que aportar efectivo para que un convidado se sienta anfitrión.

¿Quién de ustedes se cree que cuando el pelado Silva grita su gol en Boca golpeándose el pecho, cual señal de "aquí estoy yo para poner las cosas donde deben estar", lo hace porque pertenece a Boca? Hoy Silva ya no juega en Boca, pero créanme, ¡un día jugó! Podríamos hacer exactamente la misma pregunta pensando en Funes Mori, o en otros tiempos en Batistuta, Crespo, Tévez... Los jugadores de fútbol son empleados de un club y hacen su trabajo. Su trabajo es jugar lo mejor posible, hacer la mayor cantidad de goles posibles y gritarlos, sobre todo esto último, gritarlos como si fueran parte de ese club.

Siento decepcionarlos, no lo son. Detrás de ese grito hay sobre todo un festejo por el aumento del valor de su pase. ¿Quién de ustedes cree que cuando un jugador va al banco está pensando que es lo mejor para el club y que ojalá

"UN POQUITO DE ESTO SIEMPRE VIENE BIEN"

todos los que están en la cancha jueguen tan bien que no sea necesario hacer un cambio? Los del banco están esperando entrar y si una lesión de un jugador de cancha es la razón, no sufrirán por eso. Los del banco deben mostrarse ante posibles compradores y deben mostrar cuánto valen. Así es ese negocio.

En las grandes empresas ocurre algo parecido. Para los gerentes es "todos contra todos". Todos los de afuera y también todos los de adentro que compiten por las mismas cosas. Como en el mercado del fútbol, en las grandes empresas también funcionan los pases y las compras de gerentes. Y, como en el fútbol, en el mercado de los gerentes, goles (o resultados) son amores. Y dinero, mucho más dinero que amores.

El mundo de las empresas grandes es complejo. Quienes lo habitan podrán confirmarlo con cientos de anécdotas. Las pequeñas y medianas empresas no están exentas de sufrir de la misma complejidad. Hay, sin embargo, un factor diferencial que las pone en general a buen resguardo: la inexistencia del aparato burocrático.

El pequeño empresario, que pone el cuerpo en el día a día de su empresa, no necesita construir un aparato burocrático de planificación y control que condicione a toda la organización. Seguramente aplicará incentivos para que su gente sea parte, también planificará y hasta controlará, pero lo hará de forma ágil, rápida y, sobre todo, eficiente. Pero cuidado, no todas las pequeñas son ágiles y no todas las grandes torpes.

Es fácil caer en la tentación de burocratizar una empresa, sea del tamaño que sea. Es fácil poner un primer control, seguido de un segundo que verifique al anterior y de un tercero que haga lo propio con el segundo. La paranoia empresarial no tiene límites. Ni tamaños. No es esta una crítica a la planificación y al control, es una advertencia respecto de su empleo por medio de aparatos de inmovilización de la gestión.

6. COMPRAR, VENDER, COBRAR, PAGAR

Mi abuelo Julio, un inmigrante ruso llegado a la ciudad de San Miguel de Tucumán en la segunda década del siglo xx fue "cuentenik". Un vendedor ambulante que llevaba productos (por ejemplo, relojes, cintos y camisas) al interior de la provincia y se los vendía a los comercios que luego se los vendían a los habitantes de esos pueblitos.

Cuando sus amigos le preguntaban cuál era su secreto, él les explicaba que para no caer en desgracia había que respetar estrictamente el orden del proceso: 1. Comprar, 2. Vender, 3. Cobrar, 4. Pagar. Detrás de esta simple recomendación, se esconde el secreto del síndrome de la necesidad del capital de trabajo, una de las principales causas "financieras" de extinción de pequeñas y medianas empresas. Mi abuelo Julio, a su manera, ya lo sabía.

Una empresa que vende es, a priori, una empresa feliz. La venta lo inicia todo, pone en marcha la producción, aceita el sistema administrativo y desarrolla la distribución.

Sin ventas, una empresa es la nada misma. Sin embargo, mientras el ejército de vendedores se preocupa por vender y por vender cada vez más, en las entrañas de la empresa se puede estar incubando un virus que resulta, en la mayoría de los casos, letal.

Una empresa que todos los años vende más que el año anterior no puede distraerse en el aparente éxito y dejar de mirar su estructura financiera. Cada peso de venta tiene su correlato de costo. Pongamos el caso de una panadería industrial. El empresario panadero tendrá que adquirir harina, transformar esa harina en pan, entregar ese pan a sus clientes y, después de cierta cantidad de días, cobrarles.

Ese proceso se denomina ciclo de maduración. Toda actividad económica tiene su propio ciclo de maduración. El sector de la construcción, por ejemplo, tiene un ciclo de maduración lento, mensurable en años, que va desde la compra del terreno hasta la venta de los departamentos. El sector de los supermercados tiene un ciclo de maduración veloz, mensurable en días: reciben la mercadería, la venden y la cobran en el muy corto plazo.

Cualquier empresa, mientras se cumple su ciclo de maduración, debe contar con una fuente de financiación. ¿Quiénes ocupan habitualmente ese espacio de "fuente de financiación"? Cualquier comerciante lo sabe, los proveedores. ¿Se acuerdan de mi abuelo Julio? Si bien la suya era una actividad comercial muy simple, a él la financiación se la proveía siempre el proveedor. Primero vendía, recién pagaba al proveedor una vez que había cobrado.

1- COMPRAR

2- VENDER

3- COBRAR

4- PAGAR

"BIEN"

"MAL"

5. REVENTARSE TODO EN UNA NOCHE DE ALCOHOL Y JUERGA

Sin embargo no siempre es así. Mejor dicho, casi nunca es así. El proveedor no puede hacer frente a todo el ciclo de maduración, en el mejor de los casos solo a una parte. Simplemente porque él tiene su propio ciclo de maduración. Entonces, ¿quién financia esa diferencia que no es financiada por el proveedor?

En este punto entran en acción los bancos. Los bancos nacen y crecen (a veces, también, mueren) exactamente para eso. Para financiar a las empresas que requieren de fondos para afrontar el capital de trabajo necesario que requiere su ciclo de maduración.

Una empresa que se encuentra en un proceso de crecimiento tiene una muy buena noticia, el mercado le está diciendo que sí a lo que hace. Lo económico le funciona bien.

Los consumidores le atribuyen un valor a la propuesta que les hace y ratifican la buena dirección del negocio. Pero lo financiero es otra cosa.

La salud financiera no tiene relación con el éxito o fracaso de la propuesta de valor hacia los clientes sino con la capacidad de obtener la financiación necesaria para poner a rodar el proceso económico que se materializa en la necesidad de capital de trabajo. Y cuanto mejor le vaya a esa empresa desde la perspectiva económica, o sea, desde la perspectiva del negocio, mayores serán las exigencias financieras.

Esa es la noticia "preocupante" (aunque no necesariamente "mala"), porque a mayor venta, mayor necesidad de fondos para hacer frente al capital de trabajo adicional que requiere esa mayor venta.

Cualquier empresario pyme que se precie en algún momento de su experiencia empresarial, antes o después se hará la siguiente pregunta: ¿dónde está todo el dinero que gano? No nos va nada mal, vendemos cada vez más y, sin embargo, no veo los resultados en dinero de nuestro desempeño.

Está siendo utilizado como autofinanciación. Su beneficio está siendo absorbido por el negocio. No se crece gratuitamente, se crece pagando inversiones necesarias que sostienen ese crecimiento. Ante las restricciones de acceso a capital de terceros, la única fuente posible de financiación es la reinversión de beneficios.

En ese extremo no quedan alternativas posibles. El límite al crecimiento viene dado por la capacidad de generar beneficios y reinvertirlos.

7. ¿POBRES PARA SIEMPRE?

El diario reproduce un informe de la Universidad Nacional de La Plata: en la Argentina, la pobreza se hereda mucho más que la riqueza. Según esa investigación, el 40% de los que nacen pobres permanecerán así toda su vida. "Puesto en términos económicos, es más probable que el hijo de un padre pobre siga siendo pobre que los descendientes de un rico permanezcan toda su vida en la franja más adinerada de la población".

El mismo artículo hace referencia a una trampa de pobreza perpetua: "En América Latina el nivel de casamientos intra clase social es mucho más elevado que en Europa y EE.UU. (…) al contrario de lo que ocurre en las telenovelas, es raro que un rico se case con un pobre".

Desde siempre la movilidad social ha sido objetivo prioritario de los gobiernos más progresistas. Una sociedad móvil es una sociedad en donde todos, sin importar la posición económica con la que nacemos, tenemos la oportunidad de progresar. Es una sociedad en donde el talento y el trabajo son más importantes que las conexiones familiares.

¿Cuánto pesa el origen? ¿Cuántos emprendedores, no digo exitosos, simplemente emprendedores, son de origen humilde? ¿Cuántos emprendedores basaron sus logros en contactos, relaciones y capital traídos desde la cuna? No se trata de subestimar estos casos, sino de amplificar las ausencias.

Sin embargo, es posible que no se trate ni de qué carrera estudiar, ni de cómo los jóvenes logran insertarse en el mundo de los negocios, ni del futuro de las empresas que heredarán esos mismos jóvenes algún día. No se trata, tampoco, de resolver la movilidad social. No.

Los padres ricos y los padres pobres se hacen interiormente la misma pregunta y tal vez no saben o no se atreven a formularla en voz alta: ¿podrán mis hijos ser felices? Y la respuesta a esa pregunta no tiene que ver con cuestiones patrimoniales.

Ya puede ser una eminencia en física o un reconocido psicoanalista, un prolífico licenciado en letras o un apasionado bioquímico, cuando llega el turno de sus hijos, de pensar en el futuro de sus hijos, todos se angustian un poco.

Como si el tipo que escribió *Padre rico, padre pobre* hubiera dado justo en la tecla, justo donde más duele, justo en el lugar del cerebro que sensibiliza a todos por igual. ¿Cuál? El futuro.

Detrás de la discusión, decisión o pensamiento sobre qué camino, trabajo, estudio o cualquier otro, seguir, en realidad está la pregunta de un padre: ¿qué será de sus vidas? Y por eso es conveniente separar los tantos.

Será de su vida lo que hagan con ella, que no necesariamente está relacionado con lo que elijan a partir de ese día.

Cientos de chicos estudian o trabajan, y cambian. Prueban con algo distinto, y cambian. Intentan con una carrera, un instrumento musical, un pincel, un trabajo, y cambian.

En los últimos años he hablado con decenas de chicos que están "confundidos", que no saben qué hacer de sus vidas y, salvo contadísimas excepciones, la charla fue el resultado de una iniciativa de los padres de esos chicos.

Se supone que soy un conocedor del área de estudios de carreras de negocios o, más tradicionalmente, ciencias económicas. Pero la realidad es que en la mayoría de los casos el tema de la carrera se agota en cinco minutos.

Creo en la búsqueda permanente. Creo que cuando elegí estudiar para contador público, realmente me gustaba esa actividad. De hecho, aún hoy me recuerdan mis conocidos que discutía apasionadamente cuestiones impositivas.

Aunque las estructuras se empeñaron durante muchos años en demostrar lo contrario, hoy es casi una obviedad que, en el ámbito de los negocios, no existe una necesaria correlación entre lo que se estudia (la formación) y ser empresario, ejecutivo o emprendedor.

8. CUANDO YO ERA NIÑO

Cuando yo era niño, en cada esquina había un almacén. Su dueño podía ser un inmigrante "gallego", "tano", "turco" o "ruso", pero en todos los casos conocía a cada cliente como si fuera un miembro de su propia familia. No viene al caso desarrollar aquí una aburrida historia sobre los vaivenes del sector. Propongo un salto en el tiempo al hipotético ejercicio de espiar, a través de la cerradura de la puerta que los encierra en una reunión muy importante, a los miembros de la asociación de supermercadistas chinos de la Argentina. ¿Qué veo, qué escucho? Una discusión acalorada sobre los barrios a conquistar. Hablan de Puerto Madero, de Recoleta. Sí, el próximo objetivo es el segmento PREMIUM.

El caso de los súper chinos es útil para ejemplificar el "todo pasa". O, mejor aún, el "todo cambia". En muchos barrios, los chinos desplazaron para siempre a los almaceneros de mi infancia. La nostalgia no me impide entender que el viejo almacén perdió, por propia impericia, el tren de la historia.

No supieron, en líneas generales, renovar su propuesta de negocio. Se creyeron a prueba del paso del tiempo y de las tendencias. Perdieron diálogo con la cambiante realidad del consumo, se encerraron en su condición de proveedores bien ubicados pero con oferta rígida.

Los chinos, en cambio, instauraron un modelo revolucionario basado en la inquieta dinámica y el alto volumen de sus compras. Compran juntos, aprovechan la escala, traducen a precios competitivos y, sobre todo, sincronizan la frecuencia del consumidor. Ganaron en los segmentos populares y, no contentos con ello, ahora van por el alto poder adquisitivo, con el riesgo asumido de dar un paso tan largo que podrían perderlo todo. ¿Por qué? Porque saben que les puede ir mejor o peor... pero no pueden dejar de experimentar. El éxito de hoy no garantiza la supervivencia de mañana. Palabra de almacenero.

"Lo que no se puede medir no se puede gestionar". ¿Quién podría no estar de acuerdo? Es la frase con la que cientos de profesores de finanzas comienzan sus clases. Es la justificación imprescindible para comenzar el trabajo de elaboración de indicadores financieros que orienten la gestión de una empresa. Generalmente esa frase va orientada hacia un único objetivo: la rentabilidad. Por lo tanto cuando se habla de medir, en las empresas y especialmente los especialistas en finanzas, hablan de medir la rentabilidad, sus orígenes, su constitución. El pensamiento subyacente es que si conocemos la rentabilidad y cómo la misma se constituye, podremos operar sobre ella. Es una visión puramente financiera. Pero, ¿alcanza para entender a una empresa saber cómo funciona su rentabilidad?

La rentabilidad de una empresa es la relación (cociente o división) entre el resultado (se espera que positivo) y las inversiones (técnicamente activos) que esa empresa puso en funcionamiento para conseguirlo. A mayor beneficio, mayor será la rentabilidad. A menor inversión, también. La rentabilidad de una panadería industrial se obtendrá a partir de relacionar la ganancia obtenida durante un periodo (panes, facturas y demás productos vendidos menos sus respectivos costos de fabricación, de administración y comercialización) con la inversión que sirve para lograr esa venta (instalaciones, hornos, herramientas). La rentabilidad de una escuela de negocios relacionará su ganancia (ingresos de cuotas pagadas por alumnos menos lo pagado a profesores, mantenimiento, materiales) con las inversiones necesarias para producir esa ganancia (edificios, instalaciones, sistemas informáticos). La rentabilidad de una automotriz vendrá dada por el beneficio obtenido (venta de automóviles menos costos de producción de personal, autopartes y demás gastos de fabricación) con relación a las inversiones puestas en funcionamiento para conseguirlo (matrices, tren de montaje, edificios).

En todos los casos, se trate de una empresa manufacturera o de una empresa de servicios, la rentabilidad se obtiene de la misma forma. Matemáticamente, se maximiza la rentabilidad aumentando todo lo posible el numerador (el beneficio) y minimizando todo lo posible el denominador (las inversiones). De ahí que una de las explicaciones de este indicador diga que una empresa será más eficiente cuando sea capaz de obtener los máximos beneficios con la menor inversión. Previsiblemente, los directorios de las empresas le piden a sus CEO (de instituciones sin fines de lucro) maximizar la rentabilidad (yo agrego, "a cualquier costo").

La rentabilidad es solamente la punta del iceberg de los indicadores financieros que pueden utilizarse para tomar decisiones. Es posible construir una cantidad casi ilimitada de indicadores para profundizar el conocimiento de la rentabilidad. En *Diagnóstico financiero, análisis y planificación* (Temas Grupo Editorial, 2006, 3ª edición) presenté una descripción minuciosa de esta cuestión, incluyendo un modelo de análisis que tiene la vista puesta en un aspecto que suele ser conflictivo y hasta controvertido en muchas empresas: el potencial de crecimiento sostenible.

Lo sostenible y sustentable está relacionado con el largo plazo. Y como decía Keynes, en el largo plazo estamos todos muertos. Me costaría encontrar una mejor síntesis de lo contradictorio y controversial del asunto.

Lo que no se puede medir no se puede gestionar, es cierto, pero también lo es que las mediciones son representaciones del pasado y no debemos caer en la tentación de darle valor de verdad a esas cifras. Lo que pasó difícilmente volverá a pasar.

9. INVENTAR, DESARROLLAR, GANAR

¿Qué es ser empresario? Empresario es el señor que construye una empresa, muy bien. Y un señor que construye una empresa ¿qué es lo que sabe hacer? Sabemos qué es lo que sabe hacer un médico, un ingeniero, un obrero textil, un programador. Curar, construir, confeccionar, programar. Pero, ¿un empresario? Sí, la respuesta rápida podría ser, hacer empresas o mantener viva una empresa.

¿Qué debe saber hacer un empresario? Producir. La elaboración del producto que una empresa comercializa, un coche, un pantalón, una empanada, es un aspecto fundamental del éxito de un negocio. Ese producto que tiene algo diferente que lo vuelve apetecible a un determinado público requiere de un saber hacer especial. Eso, saber hacer. Es posible que nuestro amigo Gustavo Callau sepa hacer (y muy bien, seguramente) tapas de empanadas, también es factible que Eugenio Lifshits sepa tejer una prenda de punto, sin embargo es poco probable que

Gustavo o Eugenio lo hagan. Ellos, aunque sepan cómo hacerlo, no lo hacen dado que no podrían estar produciendo al mismo tiempo que comprando, vendiendo, diseñando, negociando, motivando al personal, cobrando, pagando, invirtiendo...

Así como Gustavo y Eugenio no lo hacen pero sabrían cómo hacerlo, Paolo Roca, presidente de Techint, seguramente no tiene la menor idea de cómo fabricar un tubo de acero sin costura. Tampoco me imagino a Cristiano Ratazzi produciendo, con sus manos digo, una pieza de algún modelo de Fiat. Así como Gustavo o Eugenio, en una situación límite (o no límite) puestos a fabricar, sabrían cómo y qué hacer, seguramente Paolo y Cristiano no.

Ya sea porque lo saben hacer pero no lo hacen o porque ni siquiera lo sabrían hacer, pareciera que producir "la cosa" (fabricar, elaborar, o dar el servicio) no es la clave para ser un empresario. Sin embargo, alguna ventaja debe de tener el saber (aunque no se haga) versus el no saber. Alguna ventaja deben tener Gustavo y Eugenio, respecto de Paolo y Cristiano. Saber de qué se habla siempre es mejor que no saber.

A las grandes empresas, salvo excepciones, no las gestionan sus propietarios. Y en la mayoría de las ocasiones sus propietarios están tan atomizados que ni siquiera saben muy bien a qué se dedica esa empresa. Tengo un tío que desde hace muchos años se dedica a la especulación financiera, o sea, es propietario de muchas pequeñas participaciones de muchas grandes empresas. Así como él, miles, cientos de miles o de millones de ciudadanos rentistas. Pregúntenle a cualquiera de ellos, que tenga participación en la empresa GENERAL MILLS INC de Canadá si sabe que General Mills es dueña de La Salteña (fabricante de tapa de empanadas de Argentina). Los propietarios, muchas veces, no saben ni siquiera de qué son propietarios.

Gustavo o Eugenio podrían decirme que ellos no lo hacen pero sí que ellos lo inventaron, o al menos que diseñaron el producto que se fabrica y se comercializa. Y aquí va otra de las actividades que puede definir al empresario: inventar o desarrollar.

Empezando por el más conocido, Bill Gates creó Microsoft y una gigantesca plataforma de programas informáticos que utiliza cerca del 80% de la población del mundo para trabajar, divertirse, enseñar, aprender, comunicarse... ¿La invención fue realmente de Bill? Es más que conoci-

da la respuesta: no. Bill no inventó nada, pero sí tuvo la habilidad de transformar ese invento en un negocio. No es necesario ir hasta Microsoft para encontrar un ejemplo sobre la cuestión de la autoridad intelectual de "la cosa". Los inventos normalmente vienen de algún joven con aptitudes y habilidades especiales para el desarrollo de lo que sea (juegos, diseño de indumentaria, programas informáticos, gastronomía...) y cuando ese desarrollo está a punto caramelo viene una gran empresa o un astuto "emprendedor" y se lo hace suyo. Inventores o desarrolladores cuyo fin último es vender su "invento" a una empresa o individuo capaz de pagar lo suficiente por ese invento. Otra vía de creaciones que van a parar a grandes empresas, es el desarrollo interno. Personas trabajando en inventar cosas nuevas.

Las pequeñas y medianas estarán todo el día inventando. Eugenio y toda su gente miran la moda europea por televisión un fin de semana sentados en su casa con su familia y se inspiran (o en algunos casos copian). Gustavo y su familia prueban cada receta que se les pasa por delante y miran lo que hacen los demás.

Por necesidad, el pequeño empresario sabe más (de su empresa) que el grande. Por necesidad, pero también por el origen y por el futuro. El hijo del fundador, heredero y futuro director, habrá aprendido el negocio desde la cuna.

Sergio Berman conoce las bicicletas Olmo desde que nació. Es prácticamente imposible que no sepa cómo se hace una bicicleta, cómo se diseña un nuevo modelo, cómo se organiza la fábrica. Quizás no es especialista en ninguna de esas actividades, pero creció entre bicicletas.

El "invento" o la creación pueden estar en el producto o servicio, pero también en el proceso o en la forma de comunicar. No existe (o no debería existir) el señor inventor en una empresa, sea esta grande o pequeña, existe (o debería) una cultura de la invención. Es por eso que más que tener capacidad de invención, lo determinante es tener la visión de instaurar un sistema de invención permanente dentro de una organización. O sea, saber desarrollar o inventar productos no es determinante para definir a un empresario.

Un empresario, sin importar su cualidad o característica particulares, es quien crea y/o mantiene viva una empresa. No sientas pudor por llamarte empresario.

10. PALABRAS HUECAS

"La vida es corta y una, no hay tiempo que perder"
Gabo Nazar, Cardón.

"Ser inspirador"
Inés Berton, Tealosophy.

"Imaginar más allá de todos los obstáculos que uno debe vencer"
Tito Loizeau, Promored Group.

"Decidí cómo querés jugar en la vida, si no ella siempre jugará con vos"
Adolfo Rouillón, Congelados del Sur.

"Líderes locales que llegaron lejos con esfuerzo y tenacidad"
Domingo 28 de octubre de 2012, espacio de publicidad de Endeavor Argentina.

¿Quién podría contradecir que la vida es corta y que no hay tiempo que perder? Tal vez un artista extremo podría no estar de acuerdo, pero el resto de los mortales se identificará fácilmente con esta frase "inspiracional". Ahora bien, ¿en qué aspecto será mejor, o más inteligente, la empresa de alguien que escucha y hace suya esta afirmación?

Nuestro país ostenta una de las mayores tasas de creación de empresas del mundo. En los últimos años, ha oscilado entre el 15 y el 20% de la población activa. Se trata de un signo muy positivo. Habla bien de nuestra sociedad, dice algo importante sobre su vitalidad. Aquí está lo "inspiracional". Nuestra población ya está inspirada. Por eso el elevado porcentaje de creación. Pero la "inspiración", las ganas, las fuerzas, la perseverancia, no alcanzan frente a esa tasa promisoria; nos embiste a contramano una elevada tasa de mortalidad empresarial. Lo dicho, 8 de cada 10 empresas que se crean cada 365 días desaparecerán en los primeros 6 años de vida.

¿Qué hacen esos 8 emprendedores que deben cerrar sus emprendimientos? ¿Se van a sus casas? La respuesta es conmovedora. Emprenden nuevamente, lo vuelven a intentar. La elevada tasa de creación de empresas está alimentada por una cantidad de emprendedores frustrados pero no lo suficiente como para quedarse de brazos cruzados. Son emprendedores que, afortunadamente para nuestra sociedad y economía, no escarmientan.

Claro que cada oportunidad perdida, cada fracaso, cada frustración no son gratuitos. El cierre de un proyecto tiene un costo que va más allá de lo anímico y emocional. Tiene un costo social. Implica pérdidas de puestos de trabajo, costos de puesta en marcha hundidos, menor recaudación, inversiones inutilizadas para siempre, clientes desatendi-

dos que desatendieron a su vez a otros clientes, proveedores con menos actividad, empleados de proveedores con menos trabajo…

No es cierta la frase que dice: "Si querés, podés". Quizás sea más realista enunciar: "¿Querés? Si sabés, podés". A la fuerza emprendedora no se la puede dejar sola. Es necesario acompañarla con conocimientos actualizados, con habilidades de gestión, con herramientas para la toma de decisiones, con modelos de investigación, con planes de negocios, con estrategias en permanente revisión, con capacidad de atracción y selección de recursos humanos, con oportunos apalancamientos financieros…

Todos estos "insumos" se pueden adquirir, o al menos intentar adquirir. Existen "proveedores" para todos ellos, desde el más sofisticado hasta el más simple. Son imprescindibles para no derrochar vanamente energías, indispensables para el crecimiento igualitario y equitativo de una sociedad. Sin embargo, hay un elemento que no se encuentra en el mercado, que no se solventa con un proveedor externo, que no se puede adquirir ni pagando precio récord. Ni asistiendo a todas las conferencias inspiracionales del mundo. La motivación, la tenés o no la tenés.

¿Querés? Si sabés, podés. Entonces deberíamos orientar nuestra atención a los testimonios que nos explican sus "cómo". ¿Cómo decide un empresario textil que administra 50 locales qué cantidad de cada prenda producir?

¿Cómo planifica una empresaria que distribuye en todo el país sus infusiones, el recorrido óptimo? ¿Qué modelo de fijación de precios utiliza un empresario para sus productos? Nos importan los "cómo", nos importa el saber, ahí está el verdadero valor agregado de lo testimonial.

11. EN EL LARGO PLAZO TODOS SOMOS EMPANADAS

¿Se acuerdan de Gustavo Callau? Gustavo Callau, el fundador de una empresa que elabora tapas de empanadas. El corazón de su negocio está en Banfield. Comenzó con una pequeña máquina casera y la colaboración de los cinco miembros de su familia. Aquellas primeras tapas se vendían en las principales ciudades del segundo cordón de la provincia de Buenos Aires. Con su camioneta, él en persona las repartía. Esa experiencia directa le permitió conocer de primera mano a sus clientes, los dueños de los comercios que luego vendían al público masivo. Los conoce y trata como si fueran miembros de una familia ampliada.

Al tiempo, no sin esfuerzo, Gustavo se animó a dar el salto. Compró maquinaria industrial de última generación y comenzó a levantar escala en la elaboración de su producto estrella. Un nuevo depósito, varias camionetas de

reparto, más empleados... La natural consecuencia fue un aumento importante en su rentabilidad. Su mercado seguía siendo la provincia de Buenos Aires.

Cuando conocí a Gustavo y me interioricé sobre el crecimiento y afianzamiento de su empresa, mi pregunta (a la distancia me doy cuenta, ingenua) fue: ¿para cuándo el aterrizaje en la ciudad de Buenos Aires, la conquista de los grandes supermercados? Su respuesta me sacudió. "No está en mis planes. ¿Sabés por qué? Porque quiero una empresa que me trascienda, una empresa que pueda ser el sustento de mis hijos, de mis nietos y, por qué no, de varias generaciones más".

Gustavo me dio una lección de lo que es el largo plazo. Su intuición le hace entender, clarividentemente, que un objetivo de esas características se logra con crecimiento, pero con un tipo particular de crecimiento: el crecimiento sostenible. En Capital Federal, la guerra por el mercado es a vida o muerte. Es tan peleado que los competidores hacen cualquier cosa por robarse un cliente. "Yo no voy a sacrificar el futuro por ganar clientes que hoy me van a aumentar la facturación pero, sin dudas, van a decretar mi inviabilidad pasado mañana. Más ventas hoy por menos rentabilidad en el futuro no es un buen negocio".

En tiempo presente, Gustavo construye futuro.

Su estrategia es volver una ventaja el ser pequeño y unipersonal. Mirando al largo plazo, cuida a su empresa como se cuidaría a un hijo. No necesita de las recetas mágicas de los gurúes en recursos humanos o responsabilidad social porque la humanización de los negocios es, para él, un camino transitado.

A ningún pequeño empresario se le ocurriría hablar de equilibrio entre la vida personal y la vida profesional. No se le ocurriría porque no hay qué balancear, no hay qué separar. Está todo íntegramente mezclado. Pero ese mismo empresario, que piensa en el futuro de sus hijos y toda su descendencia, incluye en ese futuro a todos los activos de su empresa, incluidos sus clientes. ¿A quién defraudaría un empresario pyme por conseguir hoy, sin pérdida de tiempo, los beneficios que llegarían en el futuro? A él mismo y a su descendencia. Por eso simplemente no lo haría. No apuraría los tiempos, no sacrificaría el futuro.

12. ES EL CONOCIMIENTO, IDIOTAS

La pasión con la que Lorena Pastoriza cuenta su proyecto de reciclado de cartón en la Cooperativa Eco-Mayo se parece mucho a la pasión con la que Francisco Murray relata su experiencia en la productora-boutique de alpargatas de diseño PAEZ. La pasión es pasión cuando apuntala a un emprendedor artesano gestionando en la Puna jujeña o a un joven empresario gastronómico del porteño Barrio Norte. Larga vida, entonces, a la pasión. Pero sin perder de vista que la pasión es un punto de partida. Al final del recorrido los que hablan son los números.

Una de las dos grandes causas de los fracasos empresariales es la frágil estructura económica (la otra es la débil gestión financiera). No toda buena idea es, necesariamente, un buen negocio. Para dar el salto de una loable intención a una razonable empresa es necesario desarrollar un modelo ECONÓMICO que responda de manera

contundente a la pregunta clave: ¿por qué un consumidor compraría el producto o servicio que le voy a ofrecer, y no el de mi competencia?

Un modelo ECONÓMICO involucra herramientas de investigación y prospección, implica análisis de variables y habilidades de gestión. Un modelo es conocimiento en acción. El fracaso empresarial con raíces económicas se combate, o al menos se atenúa, con conocimiento. En este punto, Lorena no está en las mismas condiciones que Francisco ni el artesano de Jujuy está en igualdad de condiciones con el gastronómico de Barrio Norte. Adquirir conocimiento tiene un precio y ese precio, alto, lo hace inaccesible a un gran número de los emprendedores y empresarios que se arriesgan solo con lo puesto.

Para comenzar a desatar el nudo del fracaso empresarial es necesario develar la falta de igualdad de oportunidades en el acceso a las herramientas de gestión del conocimiento. A desigualdad de condiciones, entonces, unos proyectos caerán del lado de la sustentabilidad y el crecimiento, mientras que otros lo harán PREVISIBLEMENTE del lado del PREVISIBLE fracaso.

13. LA PRUEBA ÁCIDA

He dedicado buena parte de mi vida a aprender y enseñar análisis financiero. En finanzas, se considera que la prueba ácida para evaluar a una empresa es el test de liquidez. Si pudieras cancelar en este instante más del 50% de las deudas de corto plazo con el dinero del que disponés, tu empresa presentaría un nivel de liquidez adecuado. Financieramente, un razonamiento impecable. Pero, desde el punto de vista integral de la gestión de una empresa, solo un dato más.

Un dato importante, claro, de esos que hablan. Pero habla sobre finanzas, no sobre la vida que le queda por delante a tu negocio. Para empezar, no asegura que eso seguirá siendo así dentro de dos meses y, mucho menos, dentro de dos años. Es un dato que habla, pero hacia atrás.

La prueba ácida para tu negocio es una pregunta, simple pero obsesiva: "¿Cuál es la razón por la que alguien compró, compra o comprará mi producto?" ¿Cuál es la razón por la que alguien compra el producto o servicio que tu empresa ofrece? ¿Te has hecho esa pregunta alguna vez?

¿Te has hecho esa pregunta solo una vez? ¿Te has hecho esa pregunta muchas veces y siempre has llegado a la misma respuesta?

No vale responder "Porque tengo buen servicio" o "Porque tengo el mejor producto". Tampoco "Porque soy el mejor en lo mío", ni nada parecido. No vale responder algo que podría ser la respuesta de tus competidores. Si no se te vienen a la mente una, dos o tres razones en menos de cinco segundos estás en un problema. Si no estás en condiciones de enumerar 10 diferenciales concretos que te eleven por sobre el resto estás en dos problemas.

Pero, por un minuto, acordemos que sabés cuál es la razón por la que alguien te compra. La mala noticia es que esa razón tiene fecha de vencimiento. No es nada personal, pero tu producto o servicio se volverá, más temprano que tarde, obsoleto. Sea porque alguien sacará uno mejor, más rápido o más barato que el tuyo o sea simplemente porque atravesó su ciclo natural de vida. Tu negocio, tal como es hoy, no continuará en el futuro y ese futuro es muy cercano.

No se trata solamente de tener un buen negocio. Se trata de tener una estructura de negocio que permita crear permanentemente un nuevo negocio... o varios nuevos negocios. Se trata de saber re-aprovechar tus activos, de saber re-direccionar el conocimiento de la organización. No importa tener ya mismo claro para qué, lo único seguro es que será para poder encarar con éxito, algún día en el futuro no tan lejano, algo distinto.

¿A qué se dedica IBM? ¿A fabricar computadoras? Falso. ¿A producir sistemas? Falso. Se dedica a generar, de manera oportuna y rentable, lo que sea un buen negocio. Eso puede implicar desde servidores de última generación hasta gigantescas oficinas con miles de empleados dando servicios a cientos de empresas en todo el mundo. ¿Servicios de qué? De lo que sea necesario. Su foco no está puesto en crecer haciendo lo que sabe hacer sino en aprender rápido a hacer lo que sus clientes necesitarán... mañana.

EL HIJO DEL PRESIDENTE DE IBM EN EL "DÍA-DE-CONTAR-DE-QUÉ-TRABAJA-PAPÁ"

Lo que estamos haciendo hoy no se parecerá en nada a lo que estaremos haciendo dentro de 5 años. Esto vale para las personas y, también, para las empresas. Es su propio progreso lo que obliga a las empresas al cambio. Lo más fácil sería quedarse haciendo siempre aquello que aprendieron a hacer y cobrar la renta proveniente de ese aprendizaje. Lo más fácil y, también, lo más rentable. Pero eso no es posible.

¿Por qué? Porque no vivimos solos y, mucho menos, en un estado de satisfacción plena. Existen ahí fuera, cientos, miles, cientos de miles de empresarios intentando introducir un producto o un servicio que capture la atención de un grupo de consumidores actuales de otros productos y servicios. O sea, miles intentando que los consumidores abandonen su actual hábito de consumo y pasen a consumir lo suyo. Todos están en movimiento. Están en movimiento los que hoy capturan la atención y la renta de los

* ¡NUESTRA ESTRATEGIA DE VENTA ESTAR QUEDANDO OBSOLETA! ¡PREPARAR NUEVA!

** ¡OK, OK, JEFE! ¡DEJARME UNAS SEMANAS PARA ARMAR POWER POINT CON PROPUESTA!

consumidores, para seguir capturándolas. Están en movimiento los que no, para arrebatarlas a como dé lugar.

Ayer nomás, aquellos que se dedicaban al asunto de la estrategia se percibían a sí mismos como los individuos pensantes dentro de las organizaciones. Pensaban la empresa en el futuro, pero un día esa concepción cayó y lo hizo estrepitosamente. ¿Por qué? Porque resultó que las empresas gastaban cientos de miles de dólares en formular sus estrategias pero luego no las implementaban. Cuando se les preguntaba por qué no llegaban a implementar aquello que habían planificado, la respuesta llegaba inexorable: en el transcurso, la estrategia se había vuelto obsoleta. Aquello que habíamos pensado para los próximos 5 años ya no aplica. Todo cambió y la estrategia, o mejor dicho el pensamiento estratégico, se tuvo que adaptar también. Y lo hizo, a pérdida.

La estrategia como disciplina superior del management pasó a un segundo plano y fue relegada por su alumna, hasta hace poco predilecta: la innovación.

14. NO CAER EN LA TENTACIÓN

Quizás sea una simplificación hablar de grandes empresas que se devoran a pequeñas y medianas. Quizás sea más esclarecedor hablar de empresas que, independientemente de su tamaño, forman junto con otras posiciones dominantes que terminan perjudicando a pequeños o medianos emprendimientos. Empresas voraces que avanzan sobre empresas ingenuas. Hace no menos de 300 años que las cosas funcionan así y no hay indicios de que vayan a cambiar, al menos en el corto plazo.

¿Cómo puede, entonces, una empresa no dominante (o sea, el 99,5% de las empresas de Argentina) zafar de la trampa de la sustentabilidad? Cuando se habla de crecimiento sustentable se hace referencia a un crecimiento sólido, sin poner en riesgo lo conseguido hasta ese momento. Todo crecimiento implica riesgos, por eso el desafío de la sustentabilidad está en el equilibrio entre crecimiento y estabilidad.

Como aquel bar de la esquina que dio el salto, anexó la casa de al lado y pasó de tener 20 mesas a tener 50. Pasó de servir café y comidas rápidas a un menú de amplias opciones. Aquel bar exitoso se transformó en un restorán fracasado porque no entendió la regla de oro de la sustentabilidad, que dice "Vamos de a poco, paso a paso". Se creyó ese peligroso espejismo que equipara la idea del crecimiento con el mero aumento de la cifra de facturación.

15. TODO EL TIEMPO CREANDO

José Merlo, ganador del Premio MENTORES en 2009, me preguntó con lágrimas en los ojos: "¿Sabés lo que es quedarse sin trabajo a los 45 años?". Inmediatamente, me lanzó su respuesta: "Yo sí lo sé, porque me pasó." Su disparador fue un acontecimiento que lo puso en situación límite. En la calle, con mujer e hijos que alimentar, salió a buscar trabajo. Rápidamente comprobó que su edad era un obstáculo. De la noche a la mañana, se había vuelto un estorbo para el mundo laboral.

La necesidad en su versión extrema y un entusiasmo a prueba de golpes le permitieron a José volver a la vida al frente de JAMER S.A., una empresa innovadora que hoy exporta a varios países vecinos. Nació de nuevo como persona y se convirtió en uno de los dirigentes más inquietos de una asociación de pequeños y medianos empresarios de la ciudad de Córdoba. Encontró motivación allí donde otros hubieran sucumbido al desánimo.

EL MARAVILLOSO MUNDO de LA **ENTREVISTA** DE **TRABAJO** a los **45**!

NO TE PREOCUPES QUE ACÁ NO DISCRIMINAMOS POR EDAD! BUENO, VOY A HACERTE LA PRIMERA PREGUNTA: ¿CÓMO SE DESBLOQUEA EL MARTILLO MULTIDIMENCIONAL EN EL 3° NIVEL DEL STARHAMMER IV?

Nada es para siempre, ni en el éxito ni en el fracaso. El desafío es desarrollar un modelo de trabajo, a título personal o a escala organizacional, que haga de la innovación una actividad compulsiva. Todo el tiempo creando, todo el tiempo inventando, todo el tiempo cambiando. Probando, combinando, mejorando. Potenciando, renovando, abandonando. No UNA idea, sino MILES de ideas. No una genialidad, sino miles de mediocridades que, entre todas, logren hacer una empresa genial. Ese es el desafío, crear una personalidad y/o una organización que sea capaz de crear, crear y crear.

Ahora bien, ¿cómo lograrlo?

Lo primero es salirse del centro. No se trata del individuo, de la persona, del héroe, del genio, del creativo que tuvo la idea, sino de la organización. Y eso es un costo que el ego del líder debe pagar. Salirse del centro e incluirse en el círculo no resulta nada fácil para quien fundó la empresa.

Lo segundo es entender la diferencia entre creatividad e innovación.

Lo tercero, pensar en cómo se logra una organización innovadora.

Lo cuarto, intentarlo, fracasar e intentarlo nuevamente.

La creatividad es un fenómeno individual, la innovación es un fenómeno organizativo. Se buscan, se complementan, se repelen. El individuo más creativo en una organización anquilosada, conservadora, obsoleta, hará un buen papel pero no hará la diferencia. La organización diseñada para innovar que prescinda del ensayo y del error de los talentos individuales será un mero dibujo.

16. NINGUNO DE NOSOTROS

"Ninguno de nosotros es tan bueno como todos nosotros". Esta frase fue dicha por Raymond Albert Kroc, un inquieto comerciante de Illinois que se volvió famoso luego de comprarle a un par de hermanos el restaurante de hamburguesas que habían bautizado con su apellido, McDonalds, y volverlo una cadena de alcance planetario.

Una organización individualista no logra sacar el mayor provecho de sus creativos y se pierde en una pelea de egos e intereses individuales. Una organización innovadora, en cambio, deja en un rincón el individualismo (nunca la individualidad) y potencia a los creativos de cada momento. Privilegia la acción colectiva por sobre el lucimiento individual.

Son tres los ejes de acción para volver lo dicho en el párrafo anterior algo más que una fórmula vacía. El primero es el eje del conocimiento. El segundo, el de la experimentación.

El tercero, y más importante, el de la diversidad.

Nuestras ideas tienen que ver con lo que fuimos, aprendimos, hicimos. Nuestras ideas de confirmación y, también, nuestras ideas de cambio. Es difícil que cambiemos más de lo que nos permitan nuestras ideas. Si, al interior de una organización, las vidas de las personas que la integran son muy similares entre sí es muy probable que esa organización, enfrentada a la necesidad de cambiar, no esté en las mejores condiciones para hacerlo.

Para lograr una organización innovadora hay que hacerle espacio a la diversidad. Personas con experiencias diferentes, con gustos diferentes, con ideologías diferentes. Personas con culturas, formaciones, creencias diferentes tendrán mayores probabilidades de generar nuevas propuestas. Se sumarán, se complementarán, se potenciarán.

La construcción del equipo de personas que componen una organización es el tema clave. Así como en la década de los 90 las entrevistas de selección apuntaban a entender si una persona podría o no adaptarse a la cultura de la empresa, en la segunda década de este nuevo milenio deberían detectar si la persona que se está por contratar puede aportar algo original para construir la cultura de la empresa.

Explorá, identificá, atraé a personas diferentes a vos y diferentes entre ellas. Diferentes por ideologías, experiencias, edades, gustos, creencias, culturas. Una organización plena de diversidad es una organización con mayor propensión al conflicto, pero es una organización VIVA. No hay vida sin conflicto.

17. LOS GERENTES ESTÁN DESCONCERTADOS

Los gerentes están desconcertados, no cabe ninguna duda. ¿Cómo se las arregla una organización que necesita incorporar cientos o miles de jóvenes por año? ¿Dónde los encuentra? Y, lo que es más complejo, ¿cómo los retiene?

Los gurúes del management se han dado siempre algunas licencias: bautizar con nombres ingeniosos realidades que no se comprenden del todo es una de ellas.

Bienvenidos al nacimiento de la Generación Y, el último invento del Management (así, con Mayúscula).

Nadie sabe a ciencia cierta cuáles son las investigaciones o estudios que sustentan la existencia de esta supuesta generación. Pero, por algún motivo que desconozco, se supone que los muchachos y las muchachas nacidos entre 1980 y 2000 son:

Optimistas y pragmáticos. Buscan el bienestar ahora y no trabajan para un futuro incierto. Tienen claro lo que quieren. Necesitan tiempo para dedicar a todo aquello que les da placer: estudiar, trabajar en una ONG, jugar al fútbol, reunirse con los amigos, etc. No permiten que el trabajo les quite tiempo. Buscan placer y diversión en la oficina. La responsabilidad y el compromiso solo surgen cuando encuentran sentido en lo que hacen.

Si la dificultad para retener a los jóvenes es lo que le quita el sueño a los ejecutivos y empresarios, ponerle al fenómeno el nombre de Generación Y difícilmente se lo devuelva (al sueño, digo).

Asumiendo que existen estudios sociológicos que abonan esta clasificación, me surge un par de obvias preguntas: ¿cuán generalizable es esta proposición? ¿Integran este grupo TODOS los chicos nacidos entre 1980 y el

2000 de cualquier parte del mundo? Tal vez la tan mentada Generación Y alberga en su interior una serie de subgrupos o subgeneraciones, la Y1, Y2, Y3… Y17. Una de ellas será seguramente la que incluye a los optimistas y pragmáticos.

Es evidente que las empresas sufren la rotación. Los gerentes no saben cuándo, a dónde, ni por qué sus empleados jóvenes se van. Pero lo cierto es que se van. ¿A dónde se van? ¿Quiénes son los que se van? ¿Cuándo se van? Y entonces, la respuesta (¿tranquilizadora?) es: "se van porque son Generación Y".

No alcanza con eso.

La pregunta quizás está insuficientemente formulada. No importa tanto cómo son los que se van, sino por qué se van los que se van.

¿Cuántos de nosotros si hubiéramos tenido la libertad de elegir habríamos hecho algo distinto a lo que hacemos? Ajusto y aclaro un poco: somos nietos de aquellos que anhelaban un hijo doctor. Muchos (claro que no todos) somos nietos de inmigrantes que llegaron a Argentina en los albores del siglo pasado. Muchos escapados, hambreados, sin idioma, intelectuales, trabajadores, anarquistas, socialistas, hombres y mujeres con interés en progresar, en hacer en esta tierra lo que se les había negado en la que dejaban. Hombres y mujeres de sacrificio, de trabajo, de esfuerzo. Estos abuelos soñaban con su hijo doctor. Ese hijo representaba sus expectativas, convertía ese esfuerzo del desarraigo en algo concreto: un futuro en el que se inscribía el bienestar económico y el prestigio social. Un futuro que les ratificara que había valido la pena el esfuerzo.

EL PARADIGMA DE LA ENTREVISTA DE TRABAJO EN EL NUEVO MILENIO

Ese mandato estuvo presente en una parte importante de los hijos de inmigrantes llegados a nuestro país y ese mandato, no en pocos casos, se hizo realidad.

Los cambios, la liberación de los mandatos, no se producen de una generación a otra –dicen los analistas–, se necesitan al menos dos.

Los hijos de aquellos inmigrantes devenidos en doctores (se entiende que no necesariamente doctores) tuvieron sus hijos. Y nosotros, esos hijos, no fuimos totalmente libres para decidir qué hacer de nuestras vidas. Teníamos un mandato residual. Podíamos no ser doctores, pero el progreso, el crecimiento económico y el ascenso social estaban marcados a fuego. Y claro que no fuimos totalmente libres para elegir. La elección estaba enmarcada en aquellas actividades/profesiones que nos daban el marco y la posibilidad de crecer (económica y socialmente).

Los chicos que tanto quitan el sueño a los managers son nuestros hijos. Chicos libres (más abajo pretendo atemperar la generalización que encierra este párrafo), que se pueden dar el lujo de no tener claro qué estudiar. Chicos que pueden probar y no comprometerse toda una vida en algo (carrera, trabajo, pareja...) que no los convence. Chicos que no tienen que terminar lo que sea en 5 años. Chicos más libres de lo que fuimos nosotros.

Entre los chicos que rotan, entre los chicos que entran y salen de los trabajos hay una fuerte y decidida búsqueda. La búsqueda de lo que quieren, de lo que desean, que no siempre está exenta de dudas, ni de marchas y contramarchas.

La Generación Y como concepto pone un velo sobre las individualidades, impide pensar y entender a cada persona, a cada individuo como único. Y quizás, precisamente, es la búsqueda de la individualidad de estos chicos lo que hay que reconocer para poder "retenerlos".

18. HAY LÍDERES, ¿HAY LÍDERES?

Hay líderes que caen en la tentación del irrealismo y terminan atrapados en su trampa de ego. El liderazgo, el auténtico, es otra cosa. Un líder no es el tipo que se centra en su proyecto y se regodea en eso todo el tiempo. El liderazgo es hacer que todas las cosas se hagan todos los días, que se hagan a tiempo y preferentemente que se hagan bien. Esa puede ser una capacidad individual o grupal, no importa. Puede echar mano a verdades o mitos, tampoco importa. Pero las cosas tienen que estar hechas. Bien hechas.

Para este tipo de liderazgo se aplica perfectamente el concepto de diversificación del riesgo que muchas veces es utilizado para decidir inversiones financieras. No hay que concentrar todo el riesgo en una única persona, porque si esa persona un día falla se desmorona toda la empresa. Y puede fallar por ausencia, pero también puede fallar por presencia. Somos buenos haciendo unas pocas cosas, y a veces. Tenemos que saber reconocer esas limitaciones y, lejos de avergonzarnos, aprovecharnos de ellas.

Quizás se instalen liderazgos "perfectos", apuntalados, para fortalecer determinada imagen o determinado valor por detrás de los cuales se intenta encolumnar a toda la organización. Esa operación puede ser efectiva, pero difícilmente vaya a durar demasiado. El verdadero líder se

LA PARADOJA DEL APOYO CRÍTICO

Cómo HACER UNA **DIVERSIDAD** de **VERDAD!**

¡MAL!

25 AÑOS, LIC. EN MARKETING, UCA

23 AÑOS, ESTUDIANTE DE CIENCIAS ECONÓMICAS, UBA

26 AÑOS, LIC. ADMINISTRACIÓN DE EMPRESAS, UADE

¡BIEN!

COF!!! COF!!! ARGH!

ARFLARF! GRR!

¡HOPPITTY HOP, HOP!

78 AÑOS, HOBBYSTA (MILITARIA Y NUMISMÁTICA), GALERÍA LAVALLE

12 AÑOS, NIÑO CRIADO POR LOBOS, SELVA NEGRA

52 AÑOS, CONEJO POLICÍA DE DIBUJO ANIMADO, HOLLYWOOD

equivoca y acepta que se equivoca. El verdadero líder da marcha atrás si no se logró el resultado buscado. El verdadero líder llora al hombro de sus subordinados sin por ello desmerecer su autoridad. En un mundo cambiante como el que enfrentamos, la capacidad de gestión de un buen líder debe incluir un sexto sentido especialmente agudo para detectar y valorar la diversidad. Pero la diversidad genuina, no la declamada. Porque hacia adentro quizá lo que más conviene es que todos sean de escuela privada o de escuela pública, pero que la cosa sea homogénea. Sin embargo, lo que te perdés es lo más importante que puede tener una organización y es la riqueza de matices al momento de la generación de ideas innovadoras.

Si todos los que formamos parte de un equipo de trabajo pensamos más o menos parecido, es difícil que haya peleas pero también es difícil que haya sorpresas, avances, hallazgos. Lo que estoy diciendo no es algo que a mí se me ocurrió en este instante; yo estoy diciendo algo que es el resultado de mi vida, y yo tengo un recorrido equis, porque nací donde nací, porque viví donde viví, porque mis viejos me educaron de tal manera, porque fui a un colegio tal, porque jugué con estos juguetes… porque en algún momento fui religioso y después dejé de serlo, después me transformé y ahora pienso así. Y si todos tenemos más o menos el mismo recorrido, que es lo contrario a la diversidad, es probable que se nos ocurran ideas muy parecidas.

Hay líderes que dicen: "Yo me eduqué acá, este es mi grupo de pertenencia, voy a rodearme de personas que coincidan con mi perfil". Una organización no puede darse el lujo de quedar en manos de ese, presunto, líder.

19. DIVERSIDAD Y DESPUÉS

Ocho de cada diez nuevas empresas mueren en los primeros seis años de vida. Se mueren porque nacieron prematuramente, sin el desarrollo suficiente de sus órganos para sobrevivir. Se mueren porque no estaban preparadas para afrontar el cambio, necesario y obligatorio, de su negocio. Se mueren porque tenían que morirse. No es grave, aunque sí muy doloroso para quienes invirtieron sueños y dineros.

Habría que entender que, en realidad, la "muerte" de una empresa es condición natural para que, a un negocio, lo continúe un nuevo negocio. Si una organización no está preparada para esa segunda vida que es el comienzo de otro negocio, se trata de una criatura prematura que necesita ser incubada.

¿Qué hace falta para ser una de esas dos de cada diez que, seis años después de su presentación en sociedad, siguen vivas? Hace falta ser ágiles, flexibles, rápidas, pero

sobre todo versátiles. La clave es la versatilidad. Servir para más de una cosa, tener aplicaciones no previstas, ser "descartables" llegado el caso.

Para ser versátil, una organización debe albergar en su interior diferentes aptitudes, diferentes actitudes, diferentes habilidades, diferentes conocimientos, diferentes culturas… Idiomas, ideologías, orígenes, creencias, proyectos… Tamaños, visiones, temperaturas, calidades, texturas… La diversidad siempre llama a más diversidad.

20. ¿RAZONES O SORPRESAS?

"El cliente siempre tiene la razón" es una frase obsoleta. Y no lo digo porque la tenga o la deje de tener, sino porque me parece que esa razón ha sido superada por la idea de sorpresa. Yo no puedo concebir a mi empresa como un libro de quejas que, resignadamente, acepta que el cliente siempre tenga la razón. Mi empresa es una caja de sorpresas, nunca una de reclamos. Mi empresa vive de clientes que piensen en voz lo más alta posible (para que los escuchen otros clientes y, sobre todos, otros no-todavía clientes): "Nunca hubiera imaginado que podía recibir lo que me acabás de dar".

¡ESTOY HARTO! ¡NO LO TOLERO MÁS! ¡ME SIENTO COMO UNA BOMBA DE TIEMPO A PUNTO DE ESTALLAR! ¡SI POR MÍ FUERA SALDRÍA A MATAR GENTE, EMPEZANDO POR MI PSICÓLOGO!

MMH... CONFLICTO DE ÉTICA

CASOS DONDE EL CLIENTE NO SIEMPRE TIENE LA RAZÓN

El cartel:

"EL CLIENTE SIEMPRE TIENE LA RAZÓN"

¡LA **CRUEL** REALIDAD!

¡AH, SÍ, PERO LOS HORARIOS DE TENER RAZÓN SON LOS VIERNES DE 13 A 15. ¡POLÍTICA DE LA EMPRESA!

21. LA IMITACIÓN POSITIVA

El auditorio estaba lleno de jóvenes, sentados hasta en los pasillos. Vestidos con jeans ajustados, zapatillas All Star, camisas entalladas o camisetas a rayas. Largas cabelleras las mujeres y barba apenas crecida los hombres, la mayoría anteojos negros. En toda la sala teléfonos móviles modernos, de los más modernos e inteligentes.

En el escenario, detrás de una mesa larga que atravesaba a lo ancho el auditorio, estaban sentados cuatro emprendedores y yo. Los cuatro habían construido sus empresas desde cero y así se publicitaba la conferencia. Yo sería el moderador, al menos esa era la intención de los organizadores.

Cada uno de los empresarios contó su historia. La que mejor recuerdo, comenzaba así: "Un día pensando en cualquier cosa se me ocurrió lo bueno que estaría tener un sitio para comparar precios de cualquier producto...

y así nació mi emprendimiento. Fue una luz, un instante, una inspiración!!!". Finalizadas las aburridas presentaciones, comenzaron las aburridas preguntas seguidas de las aburridas respuestas.

Casi llegando al final del horario previsto, un chico de la última fila levantó su mano insistentemente y, cuando le di la palabra, apuntó al emprendedor del sitio de comparaciones de precios y, con acento provinciano, le preguntó de dónde había sacado la plata para desarrollar su idea. El emprendedor aludido puso su mejor cara de celebridad y le respondió: "Si tenés una buena idea, la plata está".

Fue la gota cínica que colmó mi vaso de moderador políticamente correcto. Haciendo abuso de mi posición dominante, rompí las reglas del juego de apariencias y le pregunté al emprendedor-celebridad una pregunta envenenada. "¿Podrías contarnos, en detalle, cómo fue el proceso por el que tu idea llegó al capital que hizo posible tu sustentable empresa?" Lo que vino no me defraudó.

Mientras estaba cursando el último año de su MBA en no recuerdo qué universidad norteamericana (¿Stanford?), nuestro emprendedor participó de una conferencia en la que el fundador de un muy importante fondo de inversión había sido invitado para contar su historia.

Al terminar la conferencia, se acercó al inversor, le dijo que tenía una idea genial y le preguntó si estaría dispuesto a financiarla. El inversor lo miró fijo a los ojos, el emprendedor mantuvo también fija su mirada a los ojos del inversor y, después de un par de segundos que le parecieron horas, se vio en lo que parecía un sueño hecho realidad: estaba sentado en la limusina contándole su idea al inversor.

Finalmente llegaron al aeropuerto, caminaron juntos hasta el jet privado que devolvería al inversor a su mansión en vaya uno a saber qué isla paradisíaca. Llegados a la escalinata, el inversor se dirigió a su secretario privado y le dijo: "Tomá los datos de nuestro amigo, le daremos el dinero que necesita".

Con ágiles saltos y una sonrisa prefabricada en su rostro subió los peldaños y se perdió en el interior de su jet. Nuestro emprendedor se quedó en tierra, emocionado hasta las lágrimas. Volviendo al presente, me miró, miró al público y ahora con voz más grave, repitió su frase fatal: "Si tenés una buena idea, la plata está". Su cuento de hadas había terminado.

"Si tenés una buena idea, la plata está" es una de las frases más escuchadas en el ecosistema. Una de las más escuchadas y, también, una de las peligrosas. La persona que tuvo la suerte, apalancada, de encontrar la fuente de financiación para su emprendimiento gracias a un fabulosamente bien pago MBA, en una universidad norteamericana de liga mayor y por el fortuito encuentro con un capitalista de alto riesgo y sofisticado avión no puede considerarse el emprendedor ejemplo. Y, mucho menos, vociferar alegremente a los cuatro vientos que su experiencia es extensible al resto de los candidatos a emprendedores.

Si tenés una buena idea, tenés lisa y llanamente eso: una buena idea. Las buenas ideas les aseguran a pocos, a MUY pocos, el capital. Asociar buenas ideas con muchos capitales es engañoso. No solo porque a veces esos capitales no llegan, sino también porque cuando llegan pueden hacerlo con sus cartas marcadas.

22. APALANCA Y MIENTO

Hablamos, hablamos y hablamos sobre modelos de negocio, pero ¿cuál es la conclusión? Hay que tener un modelo. ¿Hay que tener un modelo? Hay que tener más de un modelo. ¿Hay que tener más de un modelo? Hay que tener un modelo que tenga fecha de vencimiento. ¿Hay que tener un modelo que tenga fecha de vencimiento? Hay que hacer las tres cosas a la vez: tener un modelo, tener más de un modelo, tener más de un modelo y ponerles fecha de vencimiento. Pero eso, ¿no se parece a NO tener un modelo? ¿Somos promodelo o somos antimodelo?

Hay que poner el acento en la construcción de palancas que le permitan a una empresa reinventarse permanentemente. Palancas son aquellos elementos diferenciales respecto de la competencia en el ámbito de las personas, de los activos, de los procesos y de los socios. El concepto de modelo de negocio, en realidad, es limitante. Te encorseta, te impone una estructura y solo te queda seguirla.

¡NO INVENTÉ UNA EMPRESA, INVENTÉ LA IDEA DE LLAMAR LOS VIERNES DE 15 A 16 PARA VER SI ESTÁ EL CHEQUE QUE TE TIENE QUE PAGAR LA EMPRESA!

JOSEPH PERETZ
CUENTAS A PAGAR - APPLE

La base de la sustentabilidad es ser capaz de destruir el propio modelo para construir uno nuevo. Entonces, si bien un modelo de negocio se basa en pensar algunas variables que son clave para la viabilidad del negocio, esas variables tienen que ser lo menos fijas posible. La conjunción del "nada es para siempre" y del "no estamos solos" es que siempre voy a tener que estar cambiando lo que estoy haciendo y, por lo tanto, me importa estar rodeado por gente que sea capaz de cambiar cuando sea necesario hacerlo. Un líder tiene que arriesgarse a serlo entre personas que repiensen permanentemente su modelo. Y, de paso, su liderazgo.

Podemos apelar al arte, en búsqueda de una metáfora. El pintor está parado frente a su obra cumbre, ¿qué hace? ¡La pinta encima! En el mundo de los negocios, no hay lienzo en blanco salvo la primera vez. El resto es pintar y volver a pintar sobre la obra maestra y sobre la obra funesta. Sobre el gran fracaso, pero también sobre el gran logro. El modelo de negocio tiene, en el fondo, una cuestión acumulativa. No es que rompés todo y empezás de cero. Las cosas que vas armando y desarmando tienen que ver con el cuadro original y tienen también mucho que ver con la pintura que va arriba de esa pintura y que va arriba de esa pintura y que va arriba de esa otra pintura, porque entonces se vuelve un modelo que absorbe y aprovecha la historia.

Tu capacidad se vuelve habilidad creciente, contra el rendimiento decreciente que amenaza a todo negocio que llega a su meseta. Por eso es muy importante la organización, porque las capacidades no son abstracciones. Las capacidades son las capacidades de la gente. ¿Qué es "la sabiduría de una empresa"? No existe la sabiduría de una empresa. Existe la sabiduría, o la ignorancia, de las personas que pertenecen a esa empresa. Steve Jobs no inventó el iPhone, inventó Apple. Su verdadera genialidad fue inventar la organización que hizo posible el iPhone y tantas otras cosas. Pero, atención, que toda organización es, en algún punto, una caja vacía si no se pone todo el énfasis en la gente. Porque cuando hablamos de organización hablamos de las personas que la integran y de los hábitos de esas personas convertidos en procesos eficientes. Talentos y procesos, el modelo en acción.

23. ESCUELA ESCUELITA

Las escuelas de negocios que se han desarrollado a la fecha en la Argentina están basadas en el modelo vigente en los Estados Unidos. Sus formatos, contenidos y métodos replican lo probado, y aceptado, en aquel país. A tal punto es así que el nombre "escuela de negocios" es una traducción textual de las denominadas Business Schools inauguradas por los norteamericanos a fines del siglo xix. No es lo mismo hacer negocios que hacer empresas. Un negocio subyace siempre detrás de toda empresa pero también se pueden hacer negocios desde la soledad de una computadora sin que ello cree un solo puesto de trabajo.

El señor que está comprando y vendiendo acciones, títulos, bonos, granos o futbolistas puede que esté haciendo fructíferos negocios, pero lo que seguro no está haciendo es empresa. Hacer empresa implica poner en movimiento una organización, no importa su tamaño, cuyo diferencial será la creación de un producto o servicio de valor. La especulación no crea valor, el comercio sí. "Negocio" es un concepto individualista, "empresa" es un esfuerzo colectivo.

Entre toda la oferta educativa de las Business Schools del mundo, un programa, el MBA, es al que todo futuro ejecutivo exitoso de multinacional aspira. Se trata de un programa que, al igual que las Business Schools, nació en los Estados Unidos. Sus siglas, también obviamente en inglés, significan Master in Business Administration.

Existe más de una escuela de negocios local que publicita su MBA y coloca un asterisco con la aclaración a pie de página de que se trata de la Maestría en Dirección y Administración de Empresas, nomenclatura establecida por la CONEAU. De hecho el título "Máster" no existe en el sistema educativo argentino cuya regulación superior prevé el título de Maestría o Magíster.

Si las escuelas en cuestión diseñaron y desarrollaron programas con contenidos que incluyen los conocimientos más novedosos y avanzados de las ciencias económicas, si sus profesores, por experiencia y formación, son de los más prestigiosos y reconocidos del mercado, ¿qué necesidad tenían de utilizar un nombre que no existe? ¿Qué necesidad de querer parecerse a algo que no son? Una respuesta posible tiene que ver con el marketing del asunto. En la Argentina, el precio de la Maestría en Dirección de Empresas con alrededor de 600 horas de clase oscila entre los 20.000 y 40.000… dólares, que es la moneda corriente en la que denominan sus precios las escuelas de negocios argentinas. Si por curiosidad hiciéramos una recorrida por sus aulas, nos encontraríamos con cuatro perfiles de alumnos:

1. El ejecutivo de una gran empresa (corporación, multinacional o multilatina) de entre 25 y 30 años, egresado

de una carrera de ciencias económicas, ingeniería y en menor medida abogacía. Su objetivo es hacer carrera en esa empresa o en cualquiera parecida y para cumplir con dicho objetivo requiere de un título "MBA". Su matrícula la paga la empresa a la que pertenece o, en su defecto, asume una parte del costo total. Generalmente firma un acuerdo de compromiso para "devolver" la formación recibida, trabajando al menos una cierta cantidad de años luego de terminados los estudios. Estos estudiantes representan aproximadamente entre el 60 y el 70% del total.

2. El recién graduado. Se trata del estudiante que acaba de concluir su carrera de grado y no quiere "perder tiempo". Su objetivo es hacer todo el proceso formativo de un tirón y estar preparado para lo que tenga que afrontar. Tiene entre 22 y 25 años y no tiene muy claro qué es lo que quiere hacer en el futuro. A veces piensa en un emprendimiento personal, su propio proyecto, su emprendimiento, a veces en hacer carrera en una gran empresa. Normalmente provienen de universidades privadas y su factura es pagada por sus padres. No tienen experiencia, salvo alguna pasantía que hayan hecho durante los meses de verano. Representan alrededor del 20% de los estudiantes de estas maestrías.

3. El empresario maduro. Es propietario único o socio de una empresa mediana, que factura por arriba de los 30 millones de pesos al año. Está cerca de los 45 años. El programa es una asignatura pendiente, quiere darse el gusto de sacar ese título por una cuestión de estatus personal. Se paga a sí mismo el programa y el principal obstáculo que encuentra es tener que enfrentarse a los exámenes para aprobar las materias. Está desacostumbrado a estudiar. Representan entre el 5 y el 10% del total.

4. El empresario a conciencia. Representa no más del 5% de los estudiantes. Llega con la intención de adquirir conocimientos para aportarlos directamente a su organización. Quiere construir una empresa mejor, sabe que existen herramientas, modelos, fórmulas que pueden ayudarlo y eso es lo que va a buscar. Es el individuo que más puede aportar en una clase. Su experiencia es apreciada por el resto de los participantes. Conoce de verdad lo que pasa en una empresa. Es muy difícil que se mantenga en el programa debido a que no encuentra lo que viene a buscar. En rigor, le deberían pagar a él por estar sentado en el aula.

Un común denominador de todos estos participantes, al margen de sus trabajos, expectativas, formación y objetivos, es que tienen acceso al dinero necesario para costear el curso. Esta característica pone a las escuelas de negocios en un gran dilema: quieren tener a los mejores cerebros, pero ponen un precio inaccesible para que puedan sentarse en clase. El alumno pretendido, por su experiencia y por lo que puede aportar en cualquier discusión, es el alumno 4. Sin embargo, ese es precisamente el alumno que menos puede pagar ese valor de matrícula.

Por ese motivo, la oferta se adecua a la demanda. ¿Cómo organizan el contenido los directores académicos de muchas de estas escuelas? Transfieren a los profesores, seleccionados entre los más reputados del mundo "académico" y muy bien pagos, la elección del qué y del cómo, el contenido y la forma de dictarlo. ¿Resultado final? Esos profesores terminan enseñando a partir de casos conocidos y "comoditizados" (para qué arriesgar), muchas veces desarrollados sobre empresas situadas en ciudades que los alumnos no son capaces de ubicar en un mapa. En los últimos años, como una acción en pro de la "argentinización" del modelo, muchas escuelas han comenzado a contratar a sus profesores el desarrollo de casos locales.

En su célebre libro *Managers not MBA'S*, Henry Mintzberg asegura que las escuelas de negocios no podrán aportar valor a la sociedad si, en sus aulas, pretenden crear empresarios a partir de estudiantes. La idea central de su libro es que para poder generar managers es necesario formar personas que ya tengan, aunque sea mínima, alguna experiencia empresarial. Las maestrías en Argentina han llevado al extremo este concepto, pero desde el lugar criticado por Mintzberg. Es tan pequeño el mercado, son tan pocas las empresas que pueden financiar matrículas de esos valores, que las escuelas han tenido que poner la mirada en quienes quieren tener el título de un "tirón" (alumnos tipo 2). Las aulas entonces se llenan, pero de personas sin experiencia.

¿A dónde pueden recurrir, para capacitarse, los empresarios a conciencia, aquellos que muchas veces quieren pero no pueden? Empecemos por recordar que esos empresarios aportan la mitad del producto de la Argentina y son responsables por 7 de cada 10 puestos de trabajo. Sigamos diciendo que no siempre es que no pueden. Tienen el dinero para hacer frente al costo de ir a una escuela de negocios y cursar un MBA, pero en ocasiones se sienten fuera de su ámbito. Hay una barrera cultural que viene dada más por las formas que por el contenido. El entorno de las universidades "privadas" no es un ambiente pyme por naturaleza, al contrario, es un ambiente corporativo en tanto los participantes mayoritariamente provienen de grandes empresas o aspiran a formar parte de ellas.

Es habitual que los temas que se tratan en los "breaks", porque todo se dice en inglés, sean cuestiones alejadas del día a día de un empresario pyme. Viajes de trabajo en clase ejecutiva, reuniones internacionales en hoteles de lujo, "call-conferences" para negociar bonos anuales y, por qué no, un poquito de golf entre semana, polo en el country y esquí durante la semana blanca. De regreso al aula, luego del recreo, los casos son siempre sobre opciones, swaps, futuros y Generación Y.

Un empresario pyme que todos los días tiene que lidiar con la falta de fondos, el ausentismo de sus empleados, los proveedores que incumplen, por no mencionar a los clientes que cancelan sus pedidos a último momento, probablemente no tiene el tiempo para dedicarle a temas (dentro y fuera de las aulas) que no le supongan soluciones concretas y de aplicación inmediata a la problemática que están enfrentando. No están ahí para generar "networking" y conocer personas que puedan servirles para su carrera profesional, conseguir una mejor posición en la empresa competidora a la que hoy pertenecen. No, no están para eso, no es eso lo que buscan los empresarios pymes. Barreras de entrada (precio de la matrícula) y de permanencia (brecha cultural) alejan a estos empresarios de las aulas. Sin embargo, son ellos quienes más necesitan del conocimiento que en ellas se imparte.

En 2003 propuse al directorio de la Universidad Di Tella crear un programa dirigido a empresarios pymes con empresas en funcionamiento. La hipótesis de nuestro equipo era que se podía generar un espacio específico para ese público, que llegaría a las aulas con el capital de su experiencia práctica y la demanda de un tratamiento académico diferencial de parte de los docentes. La primera edición de lo que se llamó Executive-MBA tuvo 37 participantes. Todos ellos habían superado un proceso de selección muy meticuloso. Como director del programa entrevisté a cada uno de ellos, más de una vez en algunos casos.

Fue una experiencia que marcó el futuro de quienes participamos en ella. Vivimos en carne propia el significado de una escuela de empresarios. Horizontal, participativa, de retroalimentación permanente, en donde la palabra de cada uno de los alumnos tiene tanto peso como la del profesor. No es fácil dar clases a empresarios pymes, no es fácil sorprenderlos, transmitirles conocimiento aplicable, mantener su atención. Compitiendo siempre con los problemas o las obligaciones que tienen fuera del aula. Su costo de oportunidad es altísimo.

En 2004, el mismo equipo se hizo cargo de la dirección del MBA tradicional y también de los que en aquella universidad se denomina Executive Education. Fueron años fundacio-

"GONZÁLEZ, ¿ME VA A DAR ESE CRÉDITO DE $50.000? DEEELE, SEA BUENO!"

¡MUY BIEN, GOROSTIAGA, SE VE QUE ESTUDIÓ! TIENE UN 10!

"OJITOS DE BAMBI I": UNA MATERIA BÁSICA EN NUESTRA ESCUELA DE NEGOCIOS PARA PYMES OTRAS MATERIAS: "FALSO BRAZO ENYESADO", "TOS CONVULSA", "FAMILIA NUMEROSA FICTICIA", ETC.

nales, apasionantes, intensos, años que dejaron recuerdos imborrables. No fue tarea fácil mantener el Executive MBA como un programa independiente, dirigido al público pyme. De todos los rincones aparecían las presiones para unificar los programas y diferenciarlos solamente por el formato de la cursada y no por el foco en la problemática específica de cada participante, el empresario diferente al estudiante recién recibido, con escasa o nula experiencia. Con esfuerzo, los mantuvimos independientes.

En 2005 creamos MATERIABIZ.com, con la ilusión de crear un espacio de intercambio de ideas, conocimiento y experiencias en gestión. La experiencia nos había demostrado que las universidades producían una importante cantidad de conocimiento (estudios, investigaciones, teorías, modelos...) que luego de discutirlos de manera endogámica (en la Di Tella un trabajo era discutido por no más de 5 o 6 profesores) era guardado en un cajón. Ahí moría. El desafío era seducir a cientos de profesores de escuelas de negocios de todo el mundo de habla hispana para que publicaran sus estudios, pensamientos, investigaciones en un sitio de Internet y que dicho material estuviera al alcance de empresarios que no necesariamente tuvieran los fundamentos teóricos necesarios para entender las fórmulas pero sí el concepto de fondo. El autodesafío que nos impusimos fue adaptar el lenguaje técnico y, a veces, excluyente a uno amigable y ameno. Muy pronto, el aporte entusiasta de más de 400 profesores, investigadores, empresarios y ejecutivos de diversos países del mundo de habla hispana generó una comunidad de más de 150.000 personas.

No sabíamos que estábamos haciendo algo original. Publicar online todos los días contenidos de referentes de cada especialidad era innovador. Conocimiento en negocios de calidad, en castellano, inmediato y a un clic de distancia.

El mundo pyme estaba deseoso y necesitado de conocimiento, eso era un hecho.

El desafío era ahora aún mayor.

1. Diseñar una oferta de capacitación a medida de empresarios pymes con profesores no solo con los mejores pergaminos de reputación y prestigio, sino que tuvieran una aptitud especial para trabajar e intercambiar con un público más complejo, sofisticado pero, a la vez, más enriquecedor. Debía ser el mejor programa con profesores especiales y por lo tanto escasos.

2. Debía tener una difusión masiva. Llegar no solo a empresarios pymes de la capital sino también y fundamentalmente de las principales provincias.

3. Debía tener un precio asequible para este público objetivo.

La tarea no era fácil, teníamos que transformar el concepto de Escuela de Negocios en Escuela de Empresarios. La pregunta no tardó en aflorar: ¿por qué las escuelas de negocios no dirigen sus miradas a este público? La respuesta a esa pregunta, que comenzó siendo una duda íntima, fue el inicio del camino que hoy nos encuentra al frente de una escuela para pymes que, con orgullo, se reivindica ella misma como una pyme.

Una escuela de empresarios es una tarea más compleja, pero tampoco podíamos llamarla escuela de empresarios porque la mayoría de ellos no se reconocen como tales.

Por ahora, y a regañadientes seguimos con escuela de negocios. Es una tarea arriesgada, retener a empresarios en el aula no siempre es posible. No se admite la mediocridad. El empresario pyme va por el conocimiento aplicable, va por el valor agregado. No tiene expectativas de un título al final del recorrido que lo retenga. Si lo que escucha no le sirve, se baja. Si se baja, no solo no regresa sino que, además, contará a otros empresarios como él su frustrada-frustrante experiencia. El boca a boca puede ser letal para el negocio académico.

Pero hay también una razón contundente: los costos. Para alcanzar un precio al participante de 100 mil pesos (decíamos arriba que puede llegar a 200 mil, pongamos la mitad de promedio), una escuela de negocios tiene una estructura de costos que se podría dividir en tres tercios. El valor que se le paga a los profesores forma parte de uno de los tercios, si es que se paga un precio del orden de los 100 dólares la hora. Si se les paga menos, cosa que ocurre en muchas escuelas, entonces la participación del costo profesor sobre el total de costos es inferior.

Otro tercio es el destinado a la difusión. El dinero invertido por las escuelas en publicidad en diarios, revistas, televisión e Internet. El mercado es relativamente pequeño, por lo tanto la pelea entre los distintos jugadores por captar parte de ese mercado es muy agresiva. Eso hace necesario importantes presupuestos en comunicación o acciones de marketing.

Finalmente, el tercio del catering. Hace cinco años el costo de un cubierto para darle de comer a un participante de un MBA estaba en torno a los 130 pesos. Desde ya que hoy un alumno de ese máster espera un almuerzo caro seguido de café, masitas y petit fours. Así los acostumbraron. A este tercio hay que sumar el costo edilicio (incluyendo estacionamiento y seguridad) además del administrativo.

¿Cómo hacer viable, entonces, una escuela para empresarios pymes? Lo que comenzó siendo una pregunta ingenua e íntima, al tiempo se convirtió en un desafío mayúsculo, pero fascinante. La manera de diseñar un programa de calidad superior al mejor del mercado para retener en el aula a los empresarios pymes, a un precio muy asequible, era haciendo cero dos de los tercios antes descriptos. Efectivamente, el centro de la actividad de

transmisión de conocimiento está... en el conocimiento. Había que instalar la idea de que quien buscara un lugar gourmet para almorzar debía encontrarlo en otro lado. Había que pulverizar los costos de la publicidad, muchas veces sobreprometedora, reemplazándolos por horas de diálogo uno a uno. Inspirándonos en algunos de los principios de las líneas aéreas de tarifa económica, que vuelan puntuales y seguras pero te cobran una gaseosa en vuelo a precio de champagne.

La clave pasaba, de golpe se volvió evidente, en poner el acento en la búsqueda de los mejores profesores (casi 20 años de experiencia en la actividad nos daban un panorama muy amplio al respecto) y pagarles por encima del promedio del mercado. Muy por encima. En los dos primeros años de vida de la Escuela de Empresarios MATERIABIZ han pasado 1.200 empresarios por las aulas de las 10 ciudades de la Argentina en donde funciona (Neuquén, Mar del Plata, Buenos Aires, Rosario, Mendoza, Córdoba, Tucumán, Salta, Corrientes y Chaco). Otros 200 empresarios pisaron las tres sedes de Perú en solo un año.

Era imposible implementar este fabuloso proyecto desde una escuela de negocios tradicional, por varios motivos. El primero es el de la tan mentada canibalización: bajar el precio a un programa de manera tan brusca y necesaria como para atraer a un número importante de empresarios pymes y mantener o superar la calidad de la oferta, se llevaría puesto a su propio MBA. No es razonable, desde el punto de vista del maximizador de beneficios, cobrar un paupérrimo 20% por lo mismo que se podría vender carísimo.

El segundo motivo es que diseñar un programa a medida del empresario pyme no es una trivialidad. Entender qué es lo que lo retiene es un desafío. Las escuelas de negocios están acostumbradas a usar la zanahoria del título. No usar esa malla de contención pone en riesgo a funcionarios anquilosados y muchas veces perezosos. Y la tercera razón es el desprecio, muy poco disimulado, que sienten algunos (por suerte muy pocos) "intelectuales" del management por los empresarios pymes.

Un prestigioso decano de una prestigiosa escuela de negocios de Argentina, a través de uno de sus asistentes, le planteó a un grupo de profesores: "Si enseñan en MATERIABIZ, no van a enseñar con nosotros". Solo uno de esos profesores aceptó la extorsiva proposición y declinó la oferta de MATERIABIZ. Su justificación: "Tengo muchas horas de clases comprometidas con ellos y no puedo arriesgarme a algo nuevo". Comprensible, sobre todo por lo sincero.

Los otros profesores se arriesgaron y hoy forman parte de un equipo de profesores del que nos sentimos orgullosos. Ninguno de ellos fue despedido de aquella prestigiosa universidad.

Romper el modelo de negocios como un ejercicio cotidiano, y no como una reacción ante una situación de crisis, es una de las claves de la auténtica sustentabilidad. Cualquier empresario sabe, o al menos intuye, que su modelo actual no durará más que un tiempo. ¿Cuánto? La respuesta depende de factores múltiples. Depende, también, de cada caso, de cada empresa, de cada sector, de cada contexto. Pero algo es seguro, tarde o temprano se termina.

Frente a esa evidencia, propongo pensar la empresa como una organización que busca, permanentemente, nuevos modelos de negocios. Y propongo, también, un primer paso en esa dirección: ya no se puede pensar en proveedores y consumidores, todos son actuales-potenciales-deseables SOCIOS. Para que MATERIABIZ fuera posible, tuvimos que abandonar el esquema de proveedores y consumidores. Era inviable. Tuvimos que aprender a generar acuerdos con unos y con otros como si se trataran de socios. Si a nosotros nos va bien es porque les va bien a ellos. Somos socios en el beneficio... o perdemos todos la oportunidad de crecer.

Va un ejemplo concreto. No hubiéramos podido recorrer los cientos de miles de kilómetros que nos permitieron dictar las 38 ediciones del Programa Integral de Gestión de Empresas de no haber logrado una asociación de reciprocidad con Aerolíneas Argentinas. En MATERIABIZ queremos que a AA les vaya bien y lo queremos INTERESADAMENTE: porque si le va bien a AA, le irá mejor al desarrollo regional de nuestro país.

¿Qué empresario que busca maximizar rentabilidad se lanzaría a unir Buenos Aires con Catamarca? Es rentable la ruta Buenos Aires-Córdoba o Buenos Aires-Bariloche, pero ¿Buenos Aires-Catamarca? Los catamarqueños, y por extensión todos los argentinos, necesitamos que a AA le vaya bien. Y AA necesita que a empresas como MATERIABIZ le vaya bien. ¿Por qué? Porque necesita del bienestar de las pymes para alcanzar su propia sustentabilidad. Cuanto mejor les vaya a las pymes, mejor le irá a Aerolíneas Argentinas. Porque más empresarios pequeños y medianos volarán a otras regiones o ciudades para hacer negocios, para comprar, para vender, para descansar, para divertirse, para inspirarse...

Con el mismo espíritu, desarrollamos acuerdos societarios con empresas de medios, cadenas hoteleras, productores de alimentos, fabricantes de bicicletas y desarrolladores de software. Nuestros socios son parte esencial de nuestro modelo de negocio. Dicho de manera clara, no existiríamos sin ellos. Y lo mismo vale para nuestros "consumidores", igualmente imprescindibles socios.

24. MANAGEMENT PARA TODOS

No existe el empresario modelo. Es una convención, peligrosa e interesadamente instalada por quienes se benefician con las regalías académicas o comerciales de ese (pseudo) modelo. A una idea la puede volver empresa, y a esa empresa la puede volver grande, la motivación de una persona y/o un grupo. Esa motivación puede tener mucho a favor o mucho en contra, pero no habrá idea-empresa/ sustentabilidad-rentabilidad sin ella.

A esa motivación habrá que sumarle conocimientos y asociarle herramientas. A esa motivación habrá que volverla una palanca inteligente, independientemente de dónde haya nacido y cuál sea el apellido del emprendedor de turno. Dar vida a una empresa es, desde mi perspectiva, darle larga, saludable, positiva vida. Y si eso se puede hacer con grandes, medianas o pequeñas empresas, estoy convencido de que también se puede intentar con personas o grupos desfavorecidos.

De tanto trajinar el ámbito empresario, conozco a muchos de sus más encumbrados miembros. Altos mandos en bancos de primer nivel, brillantes cuadros financieros de empresas multinacionales, gurúes de sobresalientes escuelas de negocios. Con algunos de ellos mantengo una relación de estrecha, y mutua, confianza. Cuál sería mi sorpresa cuando, intentando explicarles la idea que luego se convertiría en MATERIA PÚBLICA, obtenía caras de desconcierto y, en algunos casos extremos, desaprobación. ¿Llevar los principios del management a emprendedores sociales? ¿Explicarles el apalancamiento financiero a cooperativistas al frente de fábricas recuperadas? ¿Para qué te vas a meter con eso? Es un mundo complicado, es un mundo que no conocés. ¿Por qué no seguís poniendo toda tu energía en las pymes?

A veces, mi temperamento me dicta que cuando personas a las que aprecias te dicen que NO a algo, es EXACTAMENTE eso lo que hay que hacer. El gran desafío en este caso era la enorme cantidad de comunidades o colectivos de personas que necesitan conocimiento de gestión, que están en los márgenes como organizaciones y que muy poco les ayudaría mucho. Pero, ¿por dónde empezar? ¿Elegir al azar? ¿Seleccionar el que se presente primero? Alguien que conoce a alguien que conoce a alguien que trabaja en esos temas. Casi siempre ocurre así. Se llega por el lugar menos pensado.

Un día estaba charlando con mi amigo Mauricio Kalinov, un inteligente y generoso inventor, alguien que va no menos de 10 años por delante de nuestra sociedad. Por la ventana del bar donde compartíamos un café, vimos pasar un cartonero con su carro abarrotado. Mauricio se levantó de la silla, fue hasta él y le pidió por favor que lo dejara mostrarme algo. El cartonero accedió gustoso. Comenzó entonces una explicación de ingeniero, puntillosa y detallista, sobre los defectos del carro por sus relaciones de peso, volumen, velocidad y espacio.

Después de veinte minutos, su conclusión fue contundente. Y para mí, de paso, inspiradora. "La recolección de cartón y demás materiales reciclables es una necesidad de primer orden para nuestra sociedad, tenemos que construir en serie un carro con las condiciones de seguridad e higiene que les permita a los cartoneros trabajar más dignamente". Había llegado la oportunidad que venía buscando. No paré hasta conseguir que me tendiera un puente al universo que ahora percibía como un desafío a mi medida. "Te voy a presentar a alguien que trabaja con esta gente hace muchos años y que tiene sensibilidad y habilidad para estos temas".

Dos días después, me encontré con Alejandro, el hombre sensible y hábil del párrafo anterior. Muy respetuoso, me daba charla como estudiando el terreno. Tenía una mirada desconfiada y no tardó en preguntarme, directo al mentón: "Vos tenés una próspera empresa, ¿cuál es tu interés en todo esto?". Los prejuicios, aprendí, no están en un solo lado.

Organizamos el primer programa de capacitación de la que llamamos Escuela de Formación de Empresarios Sociales. Estaba destinado a cuarenta referentes de cooperativas de reciclado de cartón e incluía en su programa los módulos clásicos de una escuela de negocios convencional: Punto de equilibrio, Fijación de precios, Estrategia, Comercialización, Capital humano, Distribución, Operaciones…

Todos los profesores de MATERIABIZ participaron de manera activa en el programa. Dicho sin eufemismos, no cobraron un solo centavo. Si bien la actitud de todos ellos era encomiable, al principio algunos eran escépticos. Diego Pasjalidis, un brillante ingeniero y MBA, profesor de Estrategia, era el que más desconfiaba del proyecto y de la idea en general. ¿Qué podríamos enseñarles? ¿Cuál es la base de conocimiento que tienen como para aprender lo que vayamos a contarles? ¿Les interesará realmente?

Al escéptico Diego le tocó explicar el cálculo del punto de equilibrio de la actividad, aquel nivel de venta en donde un negocio no gana ni pierde, queda equilibrado entre los ingresos y los gastos. En lugar de explicarlo con fórmulas matemáticas y casos abstractos, que es como se hace habitualmente en un MBA, él propuso ir al grano y calcular el punto de equilibrio de una de las cooperativas de los presentes. Así fue como comenzó a pedir datos para construir el cálculo: costos del alquiler, servicios de electricidad, gas, teléfono, las contribuciones y tasas municipales… Finalmente llegó el momento de establecer el precio de venta. Las respuestas fueron múltiples, porque cada uno de los presentes obtenía diferentes retornos por kilo vendido. Finalmente, se pusieron de acuerdo y fijaron entre 60 y 70 centavos el kilo.

Como buen profesor, Diego hizo el cálculo con los dos escenarios. El punto de equilibrio, PE, para un precio de venta de 0,60 y otro para un precio de 0,70. Terminado el ejercicio, uno de los participantes se paró y dijo: "Eso quiere decir que si vendemos a 0,7 en lugar de 0,6, nosotros y nuestros hijos podemos salir a recoger un día menos por semana y mantener el mismo ingreso". Su conclusión anticipaba el remate brillante de la lección sofisticada que había imaginado Diego para la clase. Efectivamente, ese es el sentido más profundo del punto de equilibrio. Poco importan las cuestiones matemáticas y abstractas, hay que entender la aplicación concreta en el punto de mayor interés para el público frente al cual se está hablando. En este caso particular, padres que buscan el sustento pero miden su ingreso por la cantidad de horas que exponen a sus hijos a los rigores de la calle.

Al finalizar su clase, Diego estaba impresionado. Su escepticismo se había convertido en felicidad.

De 400 personas reunidas en un salón con capacidad para 150 no puede esperarse más que caos. Sin embargo, todo transcurrió con intensa participación y apasionada armonía, la mejor de las combinaciones posibles. El programa de actividades previsto para MATERIA PÚBLICA se había propuesto arrancar a las 10.00 y ya a las 9.00 no quedaban sillas vacías.

Pasillos repletos, puertas abiertas y gente que desde afuera estiraba el cuello intentando ver y escuchar lo que pasaba adentro. En la primera fila, la líder de una cooperativa textil compartía alguna anécdota con un compañero que dirigía una cooperativa de recolectores de cartón. Se los escuchaba entusiasmados, nerviosos, ansiosos.

Las clases inaugurales tienen eso. Una tensa calma en el ambiente por las expectativas creadas hasta el instante en que se rompe el silencio y comienza la función. No pasaron tres minutos desde el comienzo de mi exposición hasta la primera interrupción/intervención de alguien del público. La señora de la primera fila, líder textil, superpuso su ronca voz sobre la mía hasta que no me quedó más alternativa que cederle el paso.

"Todo eso de conocer el resultado de nuestros negocios es muy lindo pero nosotros no tenemos opción de hacer algo distinto a lo que hacemos, sabemos coser. Si el resultado no es bueno, ¿qué hacemos? Nosotros estamos fuera del sistema". Como un eco, esa contundente frase, "estamos fuera del sistema", quedó resonando en mi pensamiento.

Ese fue el comienzo de mi charla inaugural. O debería decir, de nuestra colectiva charla inaugural. Un verdadero coloquio de ideas. A la intervención de nuestra amiga del textil le siguió la participación de un joven que formaba parte de una cooperativa de la construcción, cuyo planteo venía por la relación entre los cooperativistas. "Si somos todos iguales tan iguales, se nos hace difícil organizarnos, en algún momento alguien tiene que tener la última palabra. Ese es nuestro problema".

No iba a ser fácil moderar esa catarata de sinceridades y reproches, de vivencias y expectativas. Mientras las trataba de encauzar, escuchaba los ecos de mis conocidos del mundo empresarial. Me sobrevolaban sus miradas de escepticismo y desconfianza. "¿Para qué te vas a meter con eso? Es un mundo complicado, es un mundo que no conocés".

Los emprendimientos sociales son tan revolucionarios como para ahuyentar a hombres y mujeres inteligentes, hombres y mujeres que han sido capaces de llegar a la cima de la estructura de organizaciones que se caracterizan por devorar vidas y sueños. Los emprendedores sin recursos, los que crean en zonas o en actividades alejadas de lo considerado "cool", ¿son acaso personas que quieren abolir el sistema capitalista?

Ese es el fantasma por el que la ¿gran? economía mira con recelo y desconfianza a la economía social, pero al intercambiar ideas con representantes de ese sector me di cuenta de que lo primero que ponen sobre la mesa es el concepto de sustentabilidad. Tienen claro, quizás más que muchos economistas "formales", que para distribuir es necesario generar primero. Tienen claro, quizás más que muchos managers "profesionales", que sus organizaciones deben ser eficientes.

25. ¿UNA GRAN EMPRESA O UNA EMPRESA GRANDE?

Una gran empresa es aquella capaz de hacer grandes negocios sin depender de grandes inversiones o grandes estructuras. Con esto quiero marcar una diferencia importante y reivindicar la idea de hacer grandes negocios sin ser una empresa grande. Porque si no, uno se enreda en la teoría de la rentabilidad e, involuntariamente, termina comprándose la fórmula de los grandes. A la historia la escriben los que ganan, hablemos de batallas o de negocios. Es semejante en términos de la historia de un país y del devenir de un empresa. El management que se estudia es el management de los que financian la investigación y el conocimiento en aras de su propio (y egoísta) éxito. Entonces aparecen los conceptos de escala, eficiencia, rentabilidad y, fundamentalmente, crecimiento. Porque todo apunta a que una empresa es grande cuando crece. Crece sin parar, crece sin medir consecuencias, crece y hace crecer a los que quieren crecer con ella y a los que

HABLEMOS CLARO: ME ESTÁS HACIENDO UNA COMPETENCIA TOTALMENTE DESLEAL; TUS ESTRATEGIAS SON ABERRANTES Y DESPRO-VISTAS DE ÉTICA, Y HAS DEMOSTRADO SER CAPAZ DE LAS PEORES TRAICIONES Y BAJEZAS CON TAL DE GANAR. ¡ASÍ QUE CONTESTAME! ¿NO QUERÉS UN PUESTO DE VICEPRESIDENTE EN MI EMPRESA?

no, también. ¡Atención! Paren el crecimiento que me quiero bajar...

Hay enormes diferencias entre saber hacer empresa y saber hacer negocios. Hay tipos que son hábiles para los negocios y hay tipos que son nobles para las empresas. Se suele poner como ejemplo de la habilidad innoble al especulador financiero, que solo frente a su pantalla compra y vende para su exclusivo beneficio. Pero también en este asunto hay que ser sutiles. "Eso no crea empleo", se dice, a veces con razón pero otras también con apresuramiento. "Lo que crea empleo es generar empresas. Porque cuando vos creás empresas, estás creando puestos de trabajo y estás creando producto bruto. Es mucho mejor hacer empresas que hacer negocios".

Lo cierto es que yo, ideológicamente, me siento cómodo con esa diferencia, pero en realidad algunos de los tipos que invierten especulativamente también están estimulando, indirectamente, la financiación de las empresas. El concepto de especulación es ambiguo, ni bueno ni malo. Si especulación es no vender ahora (retener la producción de leche) y desabastecer a la demanda en pos de subir el precio en el futuro, esa especulación me resulta despreciable. Ahora, si coloco mis ahorros en instrumentos financieros que irán a parar a empresas que los invertirán en bienes de capital que, junto al trabajo de nuevos puestos creados, producirán bienes que serán consumidos y que a la vez generarán una ganancia a esa empresa que le permitirá devolverme los ahorros que coloqué (con un plus de ganancia/especulativa)... esa especulación resulta necesaria.

Así como las personas tenemos ciclo de vida, los negocios también lo tienen. Si durante ese ciclo de vida, que involucra nacimiento, desarrollo, crecimiento y declina-

ción, desatendés alguna de las etapas pagás las consecuencias. Hay que saber hasta cuándo tengo cuerda, es fundamental.

Un empresario es alguien que, con herramientas caseras o con conocimientos científicos, con lo que tenga a disposición, desarrolla un método para hacer y cambiar permanentemente. ¿Salgo a buscar nueva demanda o ataco a la demanda de mi competencia? Son dos preguntas, pero tienen una misma respuesta. Porque para venderle más a mis clientes o para venderles algo a los clientes de mi competencia tengo que ofrecerles un mayor valor. Entonces aparece la pregunta troncal: ¿quién soy yo para que me compren? Y me lo debo preguntar en voz alta, con el tono del descreimiento o de la incredulidad. Y se me tienen que ocurrir respuestas, muchas y contundentes.

Esto vale tanto para cuando imagino un ataque como para cuando lo padezco, sin haberlo previsto. Porque una cosa es cuando invado a mi competencia, pero ¿qué pasa cuando yo soy el invadido? Ya no sos el agresor sino que, de repente, te surge en el mercado un competidor ninja, bueno-rápido-eficiente en todo. Lo que hay que hacer en esas situaciones es ver por qué el tipo es mejor, más rápido y más barato o imitarlo, si uno puede. O superarlo. No existe la situación en la que uno se pueda relajar, o sea: ningún empresario se puede relajar. Relajarse es desaparecer.

PORQUE EXISTO, CAMBIO. PORQUE CAMBIO, EXISTO

Las cifras son conocidas, y tienen características de epidemia global: 8 de cada 10 pymes desaparecen en los primeros 6 años de vida. Aquí, allá, en todas partes. ¿Qué hacer? ¿Qué no hacer?

Mi propuesta, a lo largo de este libro, ha sido mezclar todas las cartas del mazo y volver a repartir. Sí, una empresa es un gran mazo de cartas y cada una de ellas representa una parte más o menos importante de su futuro. Quizás le asignamos gran importancia al as de espadas, pero resulta que no estamos por jugar al truco sino al póquer. Barajar y dar de nuevo no es una trivialidad. Lo primero es tener voluntad de hacerlo. Romper, destruir, arrasar con todo y pensar desde cero.

¿Por qué existo? La razón por la que existe hoy tu empresa es distinta a la que será dentro de un par de años.

No me cansaré de insistir en dos aspectos que hacen a esta afirmación: el primero es que "no estamos solos" y el segundo es que "nada es para siempre".

Necesitamos sí o sí construir una matriz que nos ponga delante del mundo que nos rodea. Sería muy fácil hacer "La Gran Ansoff", uso lo que sé hacer y busco nuevos mercados. Pero no alcanza. En aquellos mercados hay otros señores que no te están esperando o mejor dicho te están esperando con los puños cerrados y los dientes apretados. Por lo tanto la pregunta sigue siendo ¿qué es lo que tengo, hago, produzco, invento, distribuyo... que me hará apetecible para alguien en aquel lugar donde ya hay otro que ofrece lo mismo o un sustituto a lo que yo ofrezco? Como no estamos solos, esa matriz debe abarcar a los otros.

Si miramos a nuestro alrededor, encontramos a nuestros amigos del colegio, de la universidad, de la vida. ¿Cuántos de esos amigos siguen viviendo con la pareja con la que se prometieron convivir "hasta que la muerte los separe"? Sí, muy pocos. El número de divorcios y separaciones crece. Podemos mirar las estadísticas o mirar nuestro entorno, las personas se separan.

Los socios también se separan. El entusiasmo y la ambición los junta, el éxito o el fracaso los separa. Es fácil tener socios al principio, cuando todo nace, cuando todo está por hacerse. Sin embargo, el síndrome de los 7 años también alcanza a los matrimonios societarios. El cansancio de la convivencia, el aburrimiento, la desidia vencen en las buenas. El estrés, la ansiedad, la irascibilidad, los problemas financieros, la falta de confianza, vencen en las malas.

A buenas o a malas, los socios en algún momento se separan (tal vez no realmente pero sí mentalmente). Claro que para el primer caso, las parejas, como para el segundo, las sociedades, hay cientos de miles de ejemplos que contradicen mi argumento… pero no lo invalidan.

Ya nos lo advierten los refranes populares. Al camarón que se duerme se lo lleva la corriente, el cocodrilo que se duerme amanece cartera y el quirquincho que se duerme amanece charango. Moraleja pequeña: no dormirse. Moraleja ampliada: no dormirse cuando alrededor todo cambia. Cuando hay corriente, cuando hay cazadores de cocodrilos al acecho, cuando hay lutieres en las inmediaciones.

ÍNDICE

www.ingramcontent.com/pod-product-compliance
Lightning Source LLC
Chambersburg PA
CBHW060558200326
41521CB00007B/607